Dr. Eva Derndorfer

WARUM
WIR ESSEN,
WAS

Eine Entdeckungsreise zum
persönlichen Geschmack.

WIR ESSEN.

KRENN

Impressum: Das Werk, einschließlich aller seiner Teile, ist urheberrechtlich geschützt. Jede Verwertung außerhalb des Urheberrechtsgesetzes ist ohne Zustimmung der Hubert Krenn VerlagsgesmbH unzulässig und strafbar. Das gilt insbesondere für Vervielfältigungen, Übersetzungen, Mikroverfilmungen sowie die Einspeicherung und Verarbeitung in elektronischen Systemen. Die in diesem Buch veröffentlichten Ratschläge sind mit größter Sorgfalt erarbeitet und geprüft worden. Eine Garantie kann jedoch nicht übernommen werden. Ebenso ist eine Haftung des Verlags und seiner Beauftragten für Personen-, Sach- oder Vermögensschäden ausgeschlossen. Jede gewerbliche Nutzung der Arbeiten und Entwürfe ist nur mit Genehmigung der Hubert Krenn VerlagsgesmbH gestattet.

Cover und grafische Gestaltung: Marianne Prutsch, Wien
Lektorat: Alexander Schipflinger
Fotografie: Foto Studio Riedmann, Archive Mostviertel Tourismus GmbH, Archiv Verlag Hubert Krenn
Druck und Bindung: Druckerei Theiss GmbH, A-9431 St. Stefan

© Hubert Krenn VerlagsgesmbH, 2008
ISBN 978-3902532-67-1

EINLEITUNG

Haben Sie sich schon einmal darüber gewundert, warum gerade Ihr Kind Gemüse verweigert? Warum manche Kollegin Kaffee völlig ablehnt, während andere den Tag ohne Kaffee nicht beginnen könnten? Warum stellen ältere Menschen gerne fest, früher hätte alles besser geschmeckt? Und wie kommt es, dass neben Schnitzel und Knödel plötzlich vielen Algen und roher Fisch munden – vielen, aber eben nicht allen? Die Wissenschaft weiß in vielen Fällen Antwort – und die finden Sie verständlich formuliert auf den folgenden Seiten.

Dieses Buch ist ein Streifzug durch das Leben, es schildert, mit welchen Geschmackspräferenzen wir geboren werden und welche wir erlernen – sei es im Mutterleib, in der Kindheit oder im Erwachsenenalter. Es erklärt, warum wir manche Speise mehrmals kosten müssen, bevor sie uns schmeckt – aber auch warum wir die Leibspeise nicht täglich essen können, wenn wir sie als Lieblingsspeise erhalten wollen.

Geschmackspräferenzen sind veränderlich. Wer versteht, wie man sie beeinflusst, kann seine Ernährung ändern. Oder auch kindliche Gemüse-Verweigerer dazu bringen, das eine oder andere „Grünzeug" zu akzeptieren.

Und wollen Sie etwa nicht erfahren, wie Ihre Gene, Hormone oder Urlaubsstimmung mitbestimmen, was Sie mögen? In diesem Sinne wünsche ich Ihnen viel Spaß auf Ihrer vergnüglichen Entdeckungsreise zum persönlichen Geschmack!

INHALTSVERZEICHNIS

Teil I
Geschmackspräferenzen – Wie sie entstehen und sich verändern

Teil II
Erklärungsmodelle für individuelle Vorlieben

Teil III
Präferenzen im Wandel – Lebensmittel im Wandel

GESCHMACKSPRÄFERENZEN –
WIE SIE ENTSTEHEN UND SICH VERÄNDERN

Mein Essen ist unser Geschmack – pränatale Prägung: Wie Kinder im Bauch der Mutter Gerüche und Geschmäcker kennen lernen

Die Welt ist nichts ohne Leben:
Was lebt, isst.

Brillat-Savarin

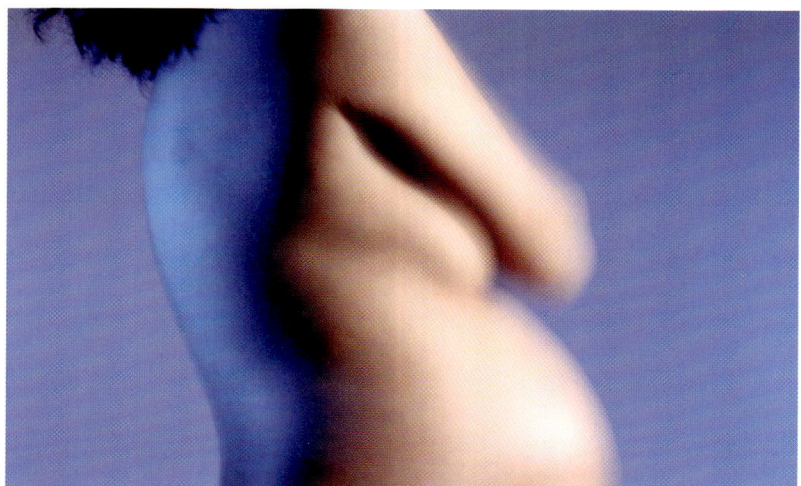

Während (gesunde) Ernährung in der Schwangerschaft ein weit verbreitetes Thema ist, wird dem Geschmacksempfinden des Fötus sehr wenig Beachtung geschenkt. So wenig, dass sich die Frage stellt, ob sich überhaupt schon jemand damit beschäftigt hat, ob die Ernährung der Mutter in der Schwangerschaft einen Einfluss auf spätere Geruch- und Geschmacksvorlieben des Kindes hat?

In der Tat sind einige Wissenschaftler dieser Frage nachgegangen. **Fazit:** Essen in der Schwangerschaft hat einen Einfluss auf spätere Vorlieben – aber nur zu einem gewissen Grad!

Bei der Geburt sind Neugeborene nämlich in der Lage, auf eine große Anzahl an Gerüchen zu reagieren, und können zudem zwischen Grundgeschmacksrichtungen wie süß, sauer oder bitter unterscheiden *(Hudson und Distel 1999)*. Mittlerweile ist aber auch bekannt, dass Säuglinge bereits vor der Geburt im Bauch der Mutter Gerüche und Geschmäcke kennen lernen. Ein Fötus kann bereits ab der 28. Schwangerschaftswoche riechen und reagiert ab Woche 32 auf den Geschmack von Fruchtwasser. Noch früher beginnt der Tastsinn: Ein Embryo reagiert bereits in der sechsten Woche auf eine Berührung an der Lippe, bis zur 12. Woche auch an anderen Hautpartien. Zum Zeitpunkt der Geburt ist der Tastsinn am weitesten entwickelt *(Manz und Manz 2005)*.

ESSEN IN DER SCHWANGERSCHAFT HAT EINEN EINFLUSS AUF SPÄTERE VORLIEBEN –

ABER NUR ZU EINEM GEWISSEN GRAD!

Lebensmittel enthalten viele verschiedene natürliche Aromastoffe. Sehr viele: so wird etwa der Duft einer einzigen Erdbeere durch das Zusammenspiel von mehr als 300 Aromastoffen geprägt, bei Kaffee sind gar über 800 Aromasubstanzen bekannt. Die Aromastoffe kommen in unterschiedlicher Menge vor und haben differente Bedeutungen für den Geruch. So gelangen manche Aromastoffe aus der Nahrung der Mutter auf natürlichem Weg in das Fruchtwasser und werden vom Fötus geschluckt *(Mennella et al 2001)*.

In den letzten Jahren wurde beobachtet, dass neugeborene Kinder auf Gerüche positiv reagieren, wenn sie zuvor im Bauch der Mutter damit konfrontiert wurden, oder dass Kleinkinder im Beikostalter geschmackliche Vorlieben aufweisen, die mit der Nahrung der Mutter während der Schwangerschaft zusammenhängen.

Welchen Geruch magst du, was schmeckt dir? – diese Fragen kann man Säuglingen und Kleinkindern nicht stellen. Aber es gibt mehrere Möglichkeiten, festzustellen, was Babys präferieren:

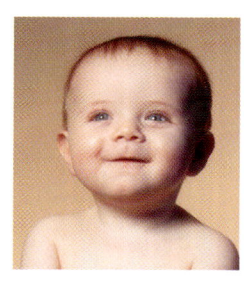

1. Isst es die angebotene Nahrung oder spuckt es diese aus?
2. Welches Gesicht macht es dabei? Bei der Entschlüsselung von Gesichtsausdrücken ist die Forschung bereits weit entwickelt. So werden viele einzelne Merkmale wie das Senken der Augenbrauen, Heben der Oberlippe, Nasenrunzeln oder Drehen des Kopfes von geschulten Personen interpretiert.
3. wird meist eine Bezugsperson des Babys befragt: Mütter oder Väter kennen ihre Kinder üblicherweise am besten und können aus ihrer Erfahrung mit dem Kind bewerten, ob das angebotene Essen schmeckt oder nicht.

Werden alle drei Parameter kombiniert betrachtet, so erhält man ein umfassendes Bild – so gut es mit nicht sprachlichen Mitteln eben geht! Ob ein Geruch als angenehm empfunden wird, kann ebenfalls aus Gesichtsausdruck, Mundbewegungen und Kopfdrehen in Richtung des Geruches abgelesen und interpretiert werden.

Mithilfe dieser Forschungsinstrumente untersuchten französische Wissenschaftler neugeborene Kinder, deren Mütter in den letzten zwei Wochen vor dem Geburtstermin Süßigkeiten, Kekse und Sirup mit Anisgeschmack konsumierten, wenige Stunden nach der Geburt. Ziel war es, festzustellen, ob diese anders auf Anisgeruch reagierten als Neugeborene, deren Mütter keinen Anis konsumiert hatten. Anis ist in

Österreich kein sehr häufig verwendetes Gewürz, sieht man mal von Weihnachtskeksen und manchem Gewürzbrot ab, im Elsass ist Anis jedoch weit verbreitet.

Und in der Tat: Nur wenige Stunden nach der Geburt reagierten Babys positiver auf Anisgeruch, wenn Ihre Mütter Anis konsumiert hatten! Kinder, die im Mutterleib nicht mit Anis konfrontiert wurden, zeigten häufiger und länger negative Gesichtsausdrücke bei Anisgeruch, während Kinder von Anis-konsumierenden Müttern den Kopf länger Richtung Anis drehten und positiv interpretierte Mundbewegungen machten. Die Mundbewegungen könnten darauf beruhen, dass die neugeborenen Kinder den Anisgeruch mit Nahrungsaufnahme assoziierten, so wie im Mutterleib Anisaroma gleichzeitig mit Nahrungsmetaboliten (das sind Stoffwechsel-Zwischenprodukte, die durch Abbau der Nahrung im Körper entstehen) auftrat. Vier Tage nach der Geburt wurden bei denselben Kindern jedoch kaum mehr Unterschiede festgestellt *(Schaal et al 2000)*. Bereits am ersten Lebenstag hatte bei den Kleinen ein Lernen und eine sehr rasche Gewöhnung an den Geruch von Anis stattgefunden. Ob Babys von Müttern, die nicht nur einige Tage vor der Geburt Anis in größeren Mengen, sondern über einen längeren Zeitraum in unterschiedlichen Abständen Anis konsumiert hätten, ebenso reagiert hätten, das haben sie uns aber (noch) nicht verraten.

Und in der Tat:
Nur wenige Stunden
nach der Geburt
reagierten Babys
positiver auf Anis-
geruch, wenn
ihre Mütter Anis
konsumiert hatten!

Wie sieht es mit Geschmackspräferenzen aus? Hat etwa der regelmäßige Konsum von Karottensaft in Schwangerschaft oder Stillzeit einen Einfluss auf die Akzeptanz von Karotten im Beikostalter? *(Mennella et al 2001)*. Um das zu klären, erhielt eine Gruppe schwangerer Frauen über einen Zeitraum von 3 Wochen hinweg 4-mal wöchentlich Karottensaft zu trinken und in der Stillzeit die entsprechende Menge Wasser. Eine zweite Gruppe Frauen bekam während der Stillzeit Karottensaft, jedoch in der Schwangerschaft Wasser, eine dritte Gruppe (Kontrollgruppe) erhielt Wasser in Schwangerschaft und Stillzeit.

Nachdem die Kinder im Beikostalter – als „Beikost" wird jene Nahrung verstanden, die zu Muttermilch oder Säuglingsflaschennahrung beigefüttert wird, also Tee, Säfte und diverse Breie – einige Wochen lang Getreidebrei erhalten hatten, jedoch noch nie mit Karottenbrei oder Karottensaft gefüttert wurden, erhielten sie sowohl wässrigen Getreidebrei als auch Getreidebrei mit Karottensaft zubereitet. Um den Babys zu entlocken, wie gut sie die beiden Breie fanden, wurde sie mithilfe der drei bereits zuvor beschriebenen Parameter befragt: dem Eindruck der Mutter wie gerne ihr Baby den Brei isst, dem Gesichtsausdruck der Babys selbst (gefilmt und durch andere Personen interpretiert) sowie der verzehrten Menge. **Ergebnis:** **Kinder, welche in der Schwangerschaft via Fruchtwasser mit Karottensaft konfrontiert wurden, hatten deutlich weniger negative Gesichtsausdrücke beim Karotten-Getreidebrei als beim wässrigen Brei.** Auch fanden ihre Mütter, dass die Babys den Karotten-Getreidebrei bevorzugten, während Mütter die keinen Karottensaft getrunken hatten, keinen Unterschied in der Bevorzugung für einen Brei sahen.

Die Moral aus der Geschicht: **Nahrung der Mutter ist Chance und Verantwortung zugleich!** Entsprechende Nahrung in der Schwangerschaft kann dieser Untersuchung zufolge eine Gemüsepräferenz beim Baby im Beikostalter auslösen. Ob diese Vorliebe langfristig erhalten bleibt, hängt freilich von vielen anderen Faktoren ab – der Geschmack ändert sich ein Leben lang! Müttern dafür (alleine) verantwortlich zu machen ist trotz vieler diesbezüglicher Vorlieben schlichtweg falsch.

Zuallererst eine gute Nachricht für alle Naschkatzen: Die Präferenz für Süß ist angeboren!

Die Evolution schlägt durch – angeborene Präferenzen

Neben den erlernten Präferenzen durch die Nahrung der Mutter in der Schwangerschaft weist jedes Neugeborene zudem bestimmte angeborene Präferenzen und Abneigungen für die Grundgeschmacksarten auf. Diese sind bei allen Kindern gleich! Zu den Grundgeschmacksarten zählen süß, sauer, salzig, bitter und umami. Ein Geschmacksrezeptor für Fett ist erst seit 2006 bekannt.

Zuallererst eine gute Nachricht für alle Naschkatzen: Die Präferenz für süß ist angeboren! Es gibt nämlich kaum süße Nahrungsmittel, die giftig sind. Süß wird daher oft als „Sicherheitsgeschmack der Evolution" bezeichnet – die Bevorzugung süßer Lebensmittel wurde zum Überlebensvorteil. Ausnahmen bestätigen jedoch auch hier die Regel, weswegen vom unüberlegten Verzehr selbst geernteter tropischer Früchte gewarnt sei.

Was unsere Präferenz von Anfang an für Süß betrifft, wird auch dem süßlichen Geschmack des Fruchtwassers ein möglicherweise prägende Wirkung zugesprochen *(Pudel 1995)*.

Faktum ist, dass die angeborene Präferenz für süß weltweit gilt. Babys reagieren auf Zuckerwasser mit einem befriedigenden Gesichtsausdruck, mit Lächeln und mit Saug-Bewegungen. Bereits nach 1 bis 4 Tagen sind Neugeborene in der Lage, zwischen verschiedenen Zuckern zu unterscheiden! Die frühe Vorliebe für süße Lebensmittel bleibt in Kindheit und Jugend erhalten, kann dann jedoch auch wieder verlernt werden.

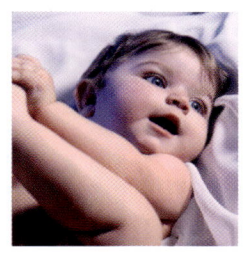

Umami wird ebenso wie süß von Geburt an gemocht. Kein Wunder, bedeutet umami auf Japanisch doch „köstlich". Dessen Geschmackseindruck wird von Glutamaten hervorgerufen. Glutamate (z. B. Natriumglutamat, Calciumglutamat, Kaliumglutamat) sind Salze der Glutaminsäure und werden weltweit als Geschmacksverstärker eingesetzt. Der menschliche Körper und Muttermilch enthalten ebenso Glutamat. Letztere enthält zudem Milchzucker (Laktose). Vielleicht ist es mehr als ein Zufall, dass die angeborene Präferenz für süß und umami der Zusammensetzung der Muttermilch entspricht!

Wissen Sie noch Ihre frühkindliche Einstellung gegenüber salzigem Geschmack? Natürlich nicht, werden Sie zu Recht sagen. Trotzdem gibt es eine Möglichkeit, zumindest Hinweise auf salzige Gelüste im Babyalter zu erfahren – über Ihr Geburtsgewicht. Dieses scheint nämlich darüber zu entscheiden. Während Neugeborene noch indifferent gegenüber salzigem Geschmack sind, bevorzugen zwei Monaten alte, zum Zeitpunkt der Geburt schwerere Babys reines Wasser, während Babys mit niedrigerem Geburtsgewicht Salzwasser eher akzeptierten *(O.V., Food Sensorik 1/2006)*. Diese Ergebnisse gelten für gesunde Babys.

Wenn Sie jetzt meinen, Ihr Salzgeschmack-Präferenz-Verhalten bereits erkundet zu haben, unterschätzen Sie Ihre frühkindlichen Feinschmeckerattitüden. Im Alter von einen halben Jahr bis etwa zwei Jahren bevorzugen Kinder generell salziges Wasser im Vergleich zu purem Wasser, im Alter von zweieinhalb bis fünf Jahren lehnen Kinder salziges Wasser wieder ab, so das Ergebnis einer französischen Studie *(Schwartz et al 2007)*.

Damit aber noch nicht genug: Säuglinge, die einen schweren Natrium- und Flüssigkeitsverlust während einer Darminfektion erleiden, entwickeln eine bleibende Vorliebe für Salziges *(Leshem 1998)*.

Sauer und bitter werden von Neugeborenen abgelehnt. Dies stellt einen Schutzmechanismus vor unreifen, verdorbenen oder giftigen Lebensmitteln dar. Neugeborene, welche Lösungen mit Zitronensäure (sauer) und Chinin (bitter) auf die Zunge getröpfelt bekommen, zeigen negative Gesichtsausdrücke, wie wir Erwachsenen sie auch kennen: hoch gezogene Nasen oder zusammengepresste Lippen. Das muss Bier- und Kaffeeproduzenten keine Sorgenfalten auf der Stirn wachsen lassen: Erwachsene bilden später häufig Präferenzen für bittere Produkte – wie eben Kaffee oder Bier – aus.

Neben angeborenen Geschmacksaversionen gibt es auch manche Gerüche, die genetisch determiniert eine Aversion hervorrufen können. Ein Beispiel dafür ist etwa der Geruch von faulem Fleisch *(Burdach 1987)*.

Kleiner Exkurs zur kontroversen Diskussion über die gesundheitliche Seite von umami

Glutamat kommt in vielen Lebensmitteln – vor allem in Tomaten, Pilzen, Fleisch, Fisch, Milch, Hartkäse – natürlich vor, ist dabei jedoch an Eiweiß (Proteine und Peptide) gebunden. Die Geschmack beeinflussende Wirkung wird aber nur von ungebundenem „freiem" Glutamat verursacht. In dieser freien Form wird Glutamat als Geschmacksverstärker in manchen Fertiggerichten oder Fast Food weltweit eingesetzt. Der Geschmack von Natriumglutamat selbst wird vielfach nicht als köstlich empfunden, steigert aber in niedrigen Dosierungen den guten Geschmack mancher Speisen.

Bei normaler Mischkost wird der Deutschen Gesellschaft für Ernährung zufolge etwa 8 bis 12 g Glutamat pro Tag aufgenommen. Die Aufnahme über die Nahrung wird bei vernünftigem Einsatz als Gewürz auch als unbedenklich eingestuft. Aus den USA gibt es jedoch Fallberichte, bei denen Unverträglichkeitsreaktionen (Prickeln, Kopfschmerzen, Übelkeit, Schwäche, Herzklopfen) nach dem Besuch von China-Restaurants aufgetreten sind. Diese Symptome wurden daher als „Chinarestaurant-Syndrom" zusammengefasst und Glutamat als mögliche Ursache genannt, da es in chinesischen Küchen stärker Verwendung findet. Mitunter sind aber auch andere natürliche Lebensmittel-Inhaltsstoffe für die auftretenden Symptome verantwortlich *(Deutsche Gesellschaft für Ernährung 2003)*.

Brust oder Flasche: Mögen Stillkinder die Nahrung ihrer Mütter? Haben Flaschenkinder später andere Vorlieben?

Nicht jede Mutter kann stillen, nicht jede Mutter möchte stillen. Dies ist auch nicht Thema dieses Buches.

Doch wie unterscheiden sich Muttermilch und Flaschennahrung im Geschmack? Haben Flaschenkinder später andere Vorlieben?

- **Muttermilch schmeckt immer unterschiedlich** – abhängig von der Nahrung der Mutter. Mitunter werden bereits auf diesem Weg kulturelle Geschmäcker geprägt: Wir haben eine Vorliebe für Produkte, die in unserem Kulturkreis und in unserer geografischen Region häufig gegessen werden. Da nicht jeder Aromastoff der mütterlichen Nahrung in die Muttermilch übertritt, ist aber nicht jedes von der Mutter verzehrte Lebensmittel automatisch prägend für das Kind. Weniger als 1 Prozent der mütterlichen Aromadosis wird in der Muttermilch wieder gefunden *(Hausner et al 2007)* – immerhin. Säuglingsmilchnahrungen schmecken im Vergleich dazu täglich gleich.

- **Auch innerhalb einer Mahlzeit ändert sich Muttermilch:** Sie ist anfangs dünner, damit der Säugling seinen Durst stillen kann, und wird dann dicker und macht satt. Säuglingsmilch hat hingegen die ganze Mahlzeit hindurch die gleiche Konsistenz.

- **Hypoallergene Säuglingsnahrung** (Flaschennahrung auf Basis von Eiweißhydrolysaten = gespaltenen Eiweißbestandteilen) wird von älteren Kindern oder Erwachsenen als nahezu ungenießbar empfunden, jedoch von Babys im Alter bis zu vier Monaten problemlos akzeptiert *(Mennella und Beauchamps 1991 & 1996)*. Erhalten Babys diese Formulanahrungen spätestens im dritten Lebensmonat, akzeptieren sie deren Geschmack sogar noch einen längeren Zeitraum danach *(Mennella et al 2003)*.

- **Kinder im Alter von 5 bis 11 Monaten zeigen bereits „sensorische Markentreue"** bei Hydrolysat–Flaschennahrung und bevorzugen das gewohnte Produkt, so eine amerikanische Studie *(Mennella und Beauchamps 2005)*. Babys, die eine von zwei Hydrolysatnahrungen erhielten, sowie Babys, die mit Milchnahrung gefüttert wurden, erhielten im Test beide Marken an Hydrolysatnahrungen. Die beiden Marken unterschieden sich geschmacklich voneinander: eine war

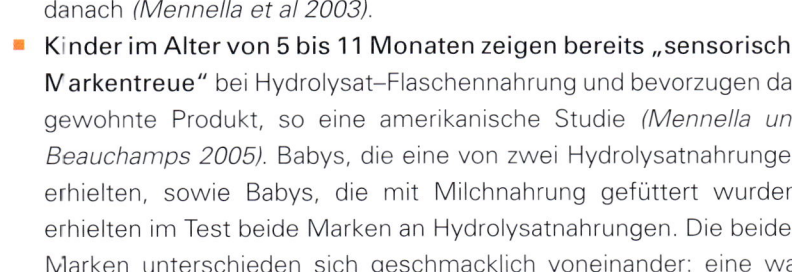

ABER AUCH FÜR
DIE KLEINEN UND KLEINSTEN GILT:
DIE AUGEN ESSEN MIT!

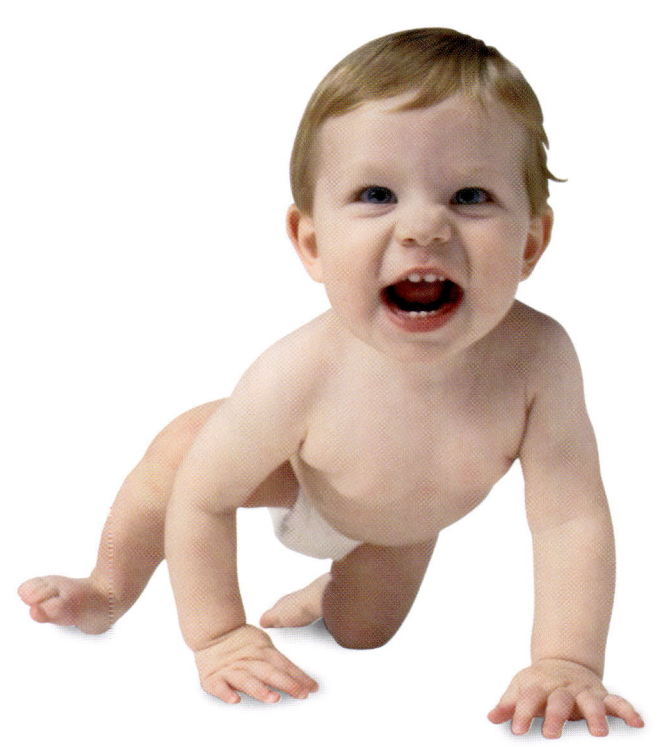

deutlich süßer, weniger saurer und tendenziell weniger bitter als die andere, beide hatten einen „unangenehmen Caseingeschmack". Alle Kinder erhielten an zwei aufeinander folgenden Tagen jeweils eine Hydolysatnahrung, wobei die Mütter nicht wussten, was sich in der jeweiligen Flasche befand. Kinder, die an Milchnahrung gewohnt waren, lehnten beide Hydrolysatnahrungen ab. Kinder, die an eine der beiden Hydrolysatnahrungen gewöhnt waren, bevorzugten die gewohnte Marke.

- **Gibt es Unterschiede bei gestillten Kindern bzw. Flaschenkindern in Bezug auf die Gewöhnung neuer Lebensmittel?** Um diese Frage zu beantworten, entwickelten Wissenschaftler folgende Versuchsanordnung: Von insgesamt 76 Kinder erhielt ein Drittel (Gruppe 1) 11 Tage lang Karottengemüse und am 12. Tag der Untersuchung ein neues Gemüse (Zucchini-Tomate). Kinder in Gruppe 2 wurde etwas mehr Abwechslung geboten: Nach einem Tag Karottengemüse wurde alle 3 Tage ein neues Gemüse kredenzt, am Tag 11 wieder Karotte, am Tag 12 ebenso erstmals Zucchini-Tomate. Kinder der Gruppe 3 erhielten dieselben Gemüse wie Gruppe 2, aber die Sorten wurden täglich gewechselt. In allen drei Gruppen befanden sich gestillte und flaschengefütterte Kinder. Die gestillten Kinder konsumierten deutlich mehr vom am 12. Tag angebotenen neuen Gemüse als flaschengefütterte Kinder. In der zweiten Phase des Experiments erhielten Kinder aus allen drei Gruppen von Tag 13 bis Tag 22 abwechselnd Karotte und Zucchini-Tomate, am letzten Tag 23 dann erstmals Erbsen. Weder waren es die gestillten Kinder, die sich entdeckungsfreudiger zeigten und mehr vom neuen Gemüse verzehrten. Fazit der Studie: Gestillte Kinder gewöhnen sich im Durchschnitt leichter an neue Lebensmittel als Flaschenkinder (Maier et al 2005a)!

Fazit der Studie:
Gestillte Kinder gewöhnen sich im Durchschnitt leichter an neue Lebensmittel als Flaschenkinder.

- **Wie man mithilfe von Ketchup den Nachweis erbringt, dass früh erlernte Geschmacksrichtungen lange Zeit bestehen können, zeigten deutsche Wissenschaftler.** Die sehr spannende Untersuchung machte sich den Umstand zunutze, dass Säuglingsnahrung lange Jahre mit Vanillegeschmack versetzt wurde. Unterscheiden sich, fragten die Forscher, die Vorliebe für Ketchup von heutigen Erwachsenen, wenn sie als Säuglinge gestillt oder mit Flasche gefüttert wurden. Und reicherten eine der zwei Ketchups, die 133 Personen angeboten wurden, mit einer geringen Dosis Vanillin an. Die Ergebnisse der Untersuchung zeigten, dass der Großteil der ehemals

Gestillten das Ketchup ohne Vanillinzusatz bevorzugte, hingegen zwei Drittel der ehemaligen Flaschenkinder das Vanilleketchup bevorzugten *(Haller et al 1999)*. Auf den Ketchup gebracht: Geschmackspräferenzen haben Ursachen in den ersten Lebensmonaten.

- Ob Kinder gestillt wurden oder nicht, hat keinen Einfluss auf die Bevorzugung von Lebensmittel aus biologischem Anbau im Alter von 2 bis 6 Jahren *(Gieland et al 2005)*.

- Alles „Obi", oder was? – so könnte man die folgende Studie betiteln. Und antworten: Keineswegs, denn abhängig von der erhaltenen Säuglingsnahrung hatten Kinder im Alter von 4 bis 5 Jahren und älter andere Präferenzen bei Apfelsaft. Am Getränkeplan standen Apfelsaft natur, mit Zusatz von Säure oder mit Zusatz einer bitteren Substanz. Kinder, die als Säugling Sojanahrung erhalten hatten, bevorzugten den bitteren Apfelsaft, Kinder die eine Milchnahrung erhalten hatten, bevorzugten den normalen Apfelsaft ohne Zusatz, und Kinder, die als Säugling mit Eiweißhydrolysatnahrung gefüttert worden waren, bevorzugten den gesäuerten Apfelsaft *(Mennella und Beauchamps 2002)*.

Alle bisher genannten Studien bezogen sich auf Geruch und Geschmack. Aber auch für die Kleinen und Kleinsten gilt: Die Augen essen mit! Das heißt, dass auch optische Präferenzen in den ersten Jahren entstehen. Kindern scheinen einen „visuellen Prototypen" für gerne verspeiste Lebensmittel zu entwickeln. So wurde einer Studie in England aufgezeigt, dass Babys, die an Zwieback gewöhnt waren, später farblich ähnliche Lebensmittel wie Cracker und Pommes Frittes bevorzugten *(o.V. Food Sensorik 3/2005)*. Ein interessanter Aspekt für die Gewöhnung an Obst und Gemüse – und für eine Lebensmittelindustrie, die über ihre frühen Einflussmöglichkeiten auf die Geschmackspräferenzen bereits bei den jüngsten Konsumenten weiß.

Entwicklung von Geschmacksvorlieben im Beikostalter

Mit ca. 6 Monaten beginnt das Beikostalter (Tee, Säfte, diverse Breie). Das Baby ist nun bereit, halbfeste Nahrung im Mund nach hinten zu transportieren und zu schlucken. Es beginnt mit Kaubewegungen und zeigt, wann es satt ist *(Ferge 2004)*.

Zu Beginn dieser Phase wird empfohlen, nicht mehrere verschiedene Lebensmittel gleichzeitig in den Speiseplan des Babys aufzunehmen, sondern maximal ein neues Lebensmittel alle 2 bis 4 Tage auszuprobieren. Bei allergiegefährdeten Kindern sollte sogar nur alle 4 bis 7 Tage mit einem neuen Brei begonnen werden. Auf diese Weise wird sofort offensichtlich, ob ein neues Lebensmittel auch vertragen wird *(Hanreich 1994)*. Ziel ist es, das Kind langsam an eine abwechslungsreiche Kost zu gewöhnen, die den Nährstoffbedarf deckt.

Einmal ist keinmal: Monotonie oder Abwechslung?

Der Mensch ist bekanntlich ein Gewohnheitstier – und deswegen gewöhnen wir uns auch an Abwechslung! Bereits vor mehr als 30 Jahren wurde gezeigt, dass Kleinkinder, die Äpfel in unterschiedlichen Konsistenzen, zum Beispiel als püriertes Mus, klumpig oder würfelig erhielten, eine größere Präferenz für unterschiedliche Texturen ausbildeten *(Masianky et al 1974)*.

Erst in den letzten Jahren wurde der Geschmack ins Visier genommen. Babys im Beikostalter, die eineinhalb Wochen lang abwechselnd Erbsen, Kürbis und Kartoffeln erhielten, waren deutlich aufgeschlossener, als sie anschließend zum ersten Mal Hühnerpüree bekamen, als Kinder, die den ganzen Zeitraum täglich Karotten erhalten hatten *(Gerrish und Mennella 2001)*. Kinder, die Abwechslung gewöhnt sind, sind also eher bereit, ein neues Lebensmittel zu verzehren, als ihr Kollegen, die täglich das Gleiche essen!

Dass Abwechslung (auch) den Kleinen gut tut, zeigt sich zudem darin, dass nicht nur die Anzahl der unterschiedlichen Geschmacksrichtungen, sondern die Häufigkeit des Wechselns von Bedeutung ist. Für die Akzeptanz eines neuen Breies ist es hilfreich, wenn zuvor täglich die Sorte gewechselt wird, auch wenn alle paar Tage eine neuer sich wiederholender Durchlauf stattfindet *(Maier et al 2005a)*.

DER MENSCH IST EIN GEWOHNHEITSTIER:
UND DESWEGEN GEWÖHNEN WIR UNS AUCH AN ABWECHSLUNG!

Lernt Jacques, was Hänschen nicht lernt?
Kulturelle Prägung

Bereits bei der Gläschenkost werden kulturelle Einflussfaktoren sichtbar. Französische Kleinkinder werden im Durchschnitt früher mit Beikost gefüttert als deutsche Kinder. Dabei erhalten sie aber mehr Abwechslung in Form von mehr unterschiedlichem Gemüse als Kinder in Deutschland. Während die französischen Babys und Kleinkinder meist mit einzelnen Gemüsesorten gefüttert werden, erhalten deutsche Babys eher Gemüsemischungen *(Maier et al 2005b)*. Dies könnte einen prägenden Effekt auf Nahrungspräferenzen haben. Ein Ursprung des feinen französischen Gaumens?

Nicht umsonst ist vom „Essen wie Gott in Frankreich" die Rede. Die französische Küche ist ein Inbegriff für Wein und Käse, Baguette und feine Saucen, Calvados, aber auch für regionale Küchen. Gutes Essen ist Teil der französischen Identität. Französische Kinder werden daher nicht nur mit einzelnen Gemüsesorten groß, sondern auch mit einem kulinarischen Erbe.

Gebt Kindern Essensfreiheit? – Instinkt

Weiß der Mensch instinktiv, was er braucht? Und bildet er entsprechende Vorlieben für Lebensmittel aus, je nachdem, was ihm gut tut? Was ist überhaupt „das richtige, das gute" Essen? Wählen Kinder, wenn man sie lässt, „richtige" Nahrungsmittel aus?

Eines steht fest: Erwachsene, die im Normalfall selbst wählen können, greifen offensichtlich nicht automatisch zum richtigen Essen – sonst gäbe es keine Debatten über Übergewicht und keine ernährungsabhängigen Krankheiten. Oder ist das Ausdruck dessen, dass man einen ursprünglich vorhandenen Instinkt „verlernt" hat?

Vor etwa 70 Jahren gab es eine sehr spannende Untersuchung, die in dieser Form heute nicht mehr wiederholbar wäre. Babys im Alter von 6 bis 11 Monaten durften ihr Essen aus einem Set angebotener Lebensmittel über einen Zeitraum von mehreren Jahren selbst auswählen! Und in der Tat – alle Kinder ernährten sich instinktiv richtig! Am Beginn des Experiments kosteten die Kinder alle angebotenen Lebensmittel, nach einigen Wochen kristallisierten sich aber unterschiedliche Vorlieben heraus. Nach Krankheit wurde eine veränderte Lebensmittelwahl beobachtet *(Davis 1939)*. Nicht ganz so deutlich fielen jüngere Ergebnisse aus, die aber auch ein Pro-Argument für den Instinkt sind. Haben 3- bis

6-jährige Kinder Entscheidungsfreiheit, so wechseln sie häufig die gewählten Speisen. Sie meinen, Obst und Gemüse werden dabei fehlen?
Weit gefehlt, und die Auswahl entspricht dabei auch noch den tatsäch-
lichen Bedürfnissen! Beliebt sind vor allem Kartoffeln, Reis und Nudeln,
während Fleisch und Fisch mengenmäßig die Beilagen darstellen. Ist
selbst entscheiden also gesund? *(O.V., Forum Ernährung 2002)*

**So sympathisch die Vorstellung von kompetenten, frei entschei-
denden Kleinen auch ist, erfordert sie Differenzierung.** Erstens sind
die wenigsten Kinder in der Situation, alleine zu entscheiden, was gegessen wird, zumal – wie Sie selbst gerade lesen – unglaublich viele
Faktoren auf unsere Speiseauswahl einwirken! Und: Werbung beeinflusst Kinder bei der Auswahl ihrer (Lieblings-)Speisen maßgeblich. Wären die natürlichen Instinkte für gesunde Produkte ausgeprägt, müssten
diejenigen Kinder, die Gemüse ablehnen, irgendwann auch mal Heißhunger auf Gemüse haben. Haben sie aber nicht.

**Werbung beeinflusst
Kinder bei der Aus-
wahl ihrer Speisen
maßgeblich.**

Fazit: Die Frage, ob Kinder instinkthaft zur richtigen Speisen-
auswahl greifen würden, ist eine theoretische. Praktisch kommt ihr
wenig Relevanz zu.

Nein, mein Gemüse esse ich nicht! Warum manche Kinder just kein Gemüse wollen

Gemüse und Obst sind hervorragende Quellen für Vitamine und Mineralstoffe, sekundäre Pflanzeninhaltsstoffe und Ballaststoffe. 5 Portionen am Tag – so lautet die gängige Empfehlung, wobei eine Portion in Abhängigkeit der Körpergröße zu sehen ist: Eine Portion ist das, was in eine Hand passt, bei Blattsalat sind es zwei Hände voll. Fünf Kinderportionen unterscheiden sich also von fünf Erwachsenenportionen.

Höherer Verzehr von Obst und Gemüse ist eine sinnvolle Maßnahme, um Übergewicht vorzubeugen, ihr Konsum ist mit verringertem Risiko einer Reihe ernährungsabhängiger Krankheiten verbunden. Wunderbar! Doch, wie Legionen von Eltern wissen: Kindern mit dem Argument „Gesundheit" zu begegnen, ist sinnlos. Kein Grund zur Resignation, vielmehr eine Herausforderung zu verstehen, wie Vorlieben für Obst und Gemüse entstehen können. Und damit eine Motivation, weiterzulesen.

Während Kinder im Beikostalter gemüsehältige Breie oft noch wohlwollend akzeptieren, wird Essen mit zunehmendem Kindesalter komplexer. Manche Kinder scheinen alles zu mögen, während andere extrem heikel sind – vor allem wenn es ums Gemüse geht.

Wissenschaftler der University College London befragten mehr als 500 Mütter nach den Essgewohnheiten ihrer 2- bis 6-jährigen Kinder und stellten fest, dass Kinder dieser Altersgruppe Gemüse deutlich stärker als Obst oder Fleisch ablehnten, jedoch auch Obst und Fleisch deutlich weniger mochten als süße und stärkehältige Produkte *(Cooke et al 2003)*. Bei Kindern im Alter von 4 bis 16 Jahren wurden zudem geschlechtsspezifische Unterschiede festgestellt: Mädchen mochten Obst und Gemüse mehr als Buben *(Cooke and Wardle 2005)*.

Kindern mit dem Argument „Gesundheit" zu begegnen ist sinnlos.

UNBEGRENZT SCHOKOLADE ODER WENIGE KAROTTEN?
2/3 DER KINDER WÄHLTEN DAS LIMITIERTE GEMÜSE.

Wie viele Kinder essen Obst – wie viel Obst essen Kinder?

In Österreich essen ca. 90 Prozent der 3- bis 6-jährigen Kinder gerne Obst und Gemüse, wobei Obst bevorzugt gegessen wird. Die individuellen Schwankungen sind jedoch sehr groß. Die beliebtesten Früchte von Kindergartenkindern sind Äpfel, Birnen, Bananen und Zitrusfrüchte. Kinder dieser Altersgruppe essen ausreichende Mengen davon. Der Gemüseverzehr fällt hingegen deutlich geringer aus bzw. lässt zu wünschen übrig. Im Volksschulalter werden Äpfel, Bananen, Beeren und Steinobst regelmäßig verzehrt, Karotten und grüner Salat zählen zu den beliebtesten Gemüsesorten, wobei der Konsum mengenmäßig unter den Empfehlungen liegt. Mittelschüler im Alter von 11 bis 14 Jahren essen ausreichend Obst, aber deutlich zu wenig Gemüse *(Elmadfa et al, Österreichischer Ernährungsbericht 2003).* Somit zieht sich der geringe Gemüseverzehr durch viele Jahre hindurch. Individuelle Schwankungen sind jedoch deutlich.

In Deutschland verzehren Kindern ebenso vergleichsweise mehr Obst als Gemüse, doch ist dort auch der Obstkonsum zu gering. Von 6- bis 11-jährigen Kindern verzehren nur 6 Prozent der Buben und 7 Prozent der Mädchen die empfohlene Gemüsemenge, und die Hälfte der Kinder isst nicht einmal halb so viel Obst, wie sich Eltern und Ernährungswissenschaftler wünschen *(Mensink et al 2007).*

Warum manche Kinder hartnäckig Gemüse verweigern, kann verschiedene Ursachen haben.

Gemüsekaspar „hausgemacht" – psychologische Gründe, warum Kinder Gemüse ablehnen

Verbot oder Limitierung machen Essen umso interessanter. Und Gemüse ist nicht verboten.

Nicht nur Kinder empfinden: Attraktiv ist vor allem das, was man nicht hat! Verbot oder Limitierung von Süßigkeiten oder Limonaden machen diese noch viel attraktiver. Gemüse SOLLEN Kinder essen, das macht es weniger interessant. Oder kennen Sie jemand, der sein Kind davon überzeugen möchte, wenigstens ein Stückchen Schokolade zu verzehren?

Es ist wie verhext: Durch elterliche Einschränkung von Zucker nehmen Kindern zwar tatsächlich weniger Zucker in Form von Getränken, Frühstück oder Mittagessen auf. Eine Untersuchung veranschaulichte jedoch, dass gerade diese Kinder (im Alter von 4 bis 5 Jahren) in Folge süßere Limonaden bevorzugten *(Liem et al 2004a)*. **Gut gemeinte elterliche Restriktionen können somit zur Entstehung von „unerwünschten" Geschmackspräferenzen beitragen!**

Gemüse in Sicht! Es gibt auch Hinweise, dass selbst Gemüse bei „künstlicher Verknappung" plötzlich attraktiv werden kann. In einer Modelluntersuchung (einem Spiel für Volksschüler) gab es auf einem Tisch viel Schokolade, jedoch weniger Karotten als Kinder, um einen künstlichen Mangel bei Gemüse zu erzeugen. Die Kinder mussten sich beim Start des Spieles entscheiden, wo sie zuerst hingehen – zu den Karotten oder zur Schokolade. Von insgesamt 161 Kindern in insgesamt 23 Durchgängen griffen 103 Kinder zuerst zu den limitierten Karotten *(Macho)*.

Essen als Trost oder als Belohnung

Süßigkeiten werden im Familienkreis gerne als Belohnung eingesetzt. Die Schularbeitsnote und das gute Zeugnis werden von Eltern, Großeltern und Tanten als Anlass genommen. Gut gemeint, schlecht getimt: Das Kind lernt, dass eine Süßigkeit etwas Besonderes und somit Erstrebenwertes ist. Süßigkeiten werden mit psychischen Inhalten aufgeladen:

Essen wird MEHR: Liebe, Aufmerksamkeit, Trost, aber auch ein Spielfeld für Macht *(Trischberger 2004).*

Umgekehrt funktioniert es übrigens nicht. Bieten Eltern Ihren Kindern an, für den Verzehr eines Lebensmittel – zum Beispiel Gemüse – im Anschluss belohnt zu werden, etwa mit Fernsehen, werden diese Lebensmittel eher abgelehnt *(O.V., Forum Ernährung Heute 2006).*

Was Bart von Homer lernt, oder: Vorbilder funktionieren meistens

Der Nachahmungstrieb ist dem Menschen von Kindheit angeboren, und dadurch unterscheidet er sich von den übrigen lebenden Wesen, dass er am meisten Lust zur Nachahmung hat und dass er seine ersten Fähigkeiten durch Nachahmung erwirbt *(Aristoteles).*

Mama und Papa, aber auch Großeltern, Onkel und Tanten, Freunde, Lehrer, Kinder derselben Altersgruppe oder Werbefiguren können Vorbilder für Kinder sein. Dies funktioniert jedoch nur dann, wenn das jeweilige Vorbild beim Kind einen positiven Eindruck hinterlassen und das Kind es als erstrebenswert erachtet, selbst so zu werden *(Pudel 1995).*

Die Vorbildwirkung von Eltern funktioniert vor allem dann, wenn es um Abneigungen geht. Hier gibt es eine deutlich größere Übereinstimmung zwischen Eltern und Kindern als bei Vorlieben. Wenn schon die Eltern keinen Salat mögen … na eben.

Der Obst- und Gemüseverzehr der Eltern ist nachweislich ein wichtiger Indikator für die Akzeptanz von Obst und Gemüse bei Kindern *(Wardle et al 2005).* Und dieser könnte verbessert werden: Zwar wird in Österreich seit dem EU-Beitritt mehr Gemüse konsumiert, unser Konsum liegt jedoch nach wie vor unter den Empfehlungen. Auch der Obstverzehr stieg an, wenn auch in geringerem Ausmaß als der Gemüsekonsum. Mit durchschnittlich 148 g Gemüse und 183 g Obst essen Herr und Frau Österreicher jedenfalls weniger als empfohlen *(Elmadfa et al, Österreichischer Ernährungsbericht 2003).*

Erwachsene Gemüsemuffeln müssen jetzt aber nicht in die saure Gurke beißen: Wenn ein Kleinkind ein neues Lebensmittel erhält und das jeweilige Vorbild gleichzeitig ein anderes Produkt (jedoch) mit derselben Farbe konsumiert, so wird das neue Produkt eher akzeptiert, als wenn das Vorbild ein Produkt unterschiedlicher Farbe verzehrt oder nur anwesend ist, ohne dabei etwas zu essen *(Addessi et al 2005).*

Wenn schon die Eltern keinen Salat mögen …

Eltern sind mehr als nur Vorbilder. Sie vermitteln ihren Kindern Ess-Gewohnheiten und machen Kinder mit mehr oder weniger verschiedenen Lebensmitteln vertraut. Eltern können Ihre Kinder ermutigen, neue Produkte zu probieren. Dass dies nicht immer leicht ist, davon singen viele ein Liedchen! Mit vielen Strophen.

Gemeinsame Mahlzeiten helfen. Kinder lieben Rituale – Mahlzeiten sollten daher Fixpunkte im Tagesablauf sein. In Deutschland geben immerhin 96,5 Prozent aller Kinder und 98,5 Prozent aller Jugendlichen an, gemeinsame Familienmahlzeiten einzunehmen. Das Abendessen ist dabei die häufigste Familienmahlzeit *(Mensink et al 2007)*. Zudem können Eltern ihre Vorbildfunktion auch auf andere Weise wahrnehmen: indem sie ihren Kindern vorleben, auf die Signale des Körpers wie Hunger, Sättigung, Durst, Bauchschmerzen oder Übelkeit zu hören *(O.V., Forum Ernährung Heute 2002)*.

Das Abendessen ist die häufigste Familienmahlzeit.

Gemüsekaspar genetisch: biologische Gründe, warum manche Kinder Gemüse ablehnen

Aversion durch Konditionierung

Eine starke Ablehnung für ein einzelnes Lebensmittel kann beispielsweise durch Konditionierung entstehen: Wird man – egal ob Kind oder Erwachsener – nach dem Verzehr einer Speise krank, so kann dies zu einer vehementen Ablehnung dieses Essens führen, selbst dann, wenn die Speise gar kein Auslöser der Krankheit war. Isst ein Kind also beispielsweise einen Teller Karottensuppe und bekommt zufällig am selben Tag eine Magen-Darm-Grippe, so kann es sein, dass das Kind, das bisher Karotten geliebt hat, diese nun nicht mehr essen mag.

Der Apfel wird zum Stamm: Genetische Ursachen

Was viele immer schon gewusst haben: Auch genetische Ursachen sind bekannt, die unterschiedliche Nahrungspräferenzen bedingen.

PROP (6-n-Propyl-2-Thiouracil) ist eine bittere Substanz, welche von Menschen als sehr unterschiedlich intensiv wahrgenommen wird. Diese Schmeckintensität ist genetisch vererbt. Entsprechend dieser Fähigkeit können wir in sehr empfindliche Schmecker (= Supertaster), Schmecker (= Mediumtaster) und Nichtschmecker (= Nontaster = Prop-unempfindliche Menschen, die Prop kaum bitter wahrnehmen) eingeteilt werden.

Prop-„Supertaster" empfinden salzigen Geschmack intensiver *(Bartoshuk et al 1998)* und sind empfindlicher für Fett *(Tepper und Nurse 1998)*. Studien aus verschiedenen Ländern demonstrierten, dass sich Menschen mit höherer Empfindlichkeit für das bittere Prop auch bei Gemüse von Nichtschmeckern unterschieden. Sie akzeptieren manche Gemüse (zum Beispiel Kohlsprossen, Kohl, Karfiol), Zitrusfrüchte (Grapefruit, Zitrone) sowie Rhabarber weniger *(Drewnowski et al 1998)*, essen weniger grünen Salat *(Yackinous und Guinard 2002)* oder lehnen rohen Spinat mit größerer Wahrscheinlichkeit ab *(Turnbull und Matisoo-Smith 2002)*. Und: Als Kinder konsumieren sie weniger bittere Gemüse *(Bell und Tepper 2006)*.

Je bitterer Prop empfunden wird, umso bitterer und umso weniger süß werden auch Gemüse wahrgenommen *(Dinehart et al 2006)*. Aber selbst hier spielt die Aufgeschlossenheit gegenüber neuen Lebensmitteln eine Rolle: So greifen jene Prop-Schmecker, die gegenüber neuen Lebensmitteln abenteuerlustig sind, mehr zu Chilli, scharfen Saucen und Gewürzen, starkem Alkohol als auch bitteren Früchten und Gemüsen als jene Prop-Schmecker, die ihre kulinarischen Gefilde nur selten verlassen *(Ullrich et al 2004)*.

Superschmecker sind öfter unter Frauen und Nichtrauchern zu finden.

Wer sind nun diese „Superschmecker"? Nicht nur wenige, auserwählte Gourmets! In Asien kommen Supertaster sehr häufig vor: 64 Prozent der indonesischen Frauen *(He 1997)* und 49 Prozent der japanischen Frauen *(Bell und Song 1999)* sind Supertaster. Bei Menschen mit weißer Hautfarbe zählen 25 Prozent zu Nontastern, 50 Prozent zu Mediumtastern und 25 Prozent zu Supertastern *(Kreuter et al 2006)*. Superschmecker sind öfter unter Frauen und Nichtrauchern zu finden.

Nichtschmecker sind eher Kinder von Alkohol kern. Dies weist auf einen möglichen Erbfaktor bei Alkoholismus hin *(Pe'chat und Danowski 1992)*. Somit zählen Supertaster – und dies sind sie bereits als Kinder – zu keiner kleinen Gruppe.

Die Entstehung von Geschmackspräferenzen ist vielschichtig. Die eigenen Gene können nicht als Ausrede für ein schlechtes Ernährungsverhalten dienen. Und sie sollen es auch nicht. Gegebenfalls wäre vielmehr zu fragen, warum es kein Anliegen ist, sich sinnvoll und nachhaltig zu ernähren. Zumal es nie zu spät ist: Französische Forscher haben nachgewiesen, dass die Vorliebe für Gemüse bei denselben Personen mit zunehmendem Alter (untersucht wurden Personen von 2 bis 22 Jahren) ansteigt *(Nicklaus et al 2004)* – der Prop-Status ändert sich im Laufe des Lebens hingegen nicht!

Das heißt: Auch wenn ein Kind heute Gemüse ablehnt, tut es das nicht auf immer und ewig. Also nicht verzagen! Tipps und Tricks, um Ihr Kind zu mehr Gemüse zu bewegen, erhalten Sie auf den nächsten Seiten!

Die lange Tradition des Blicks nach Innen: TCM

Die 5-Elemente-Ernährung der Traditionellen Chinesischen Medizin hat noch einen völlig anderen Ansatz für die Erklärung unterschiedlicher Vorlieben: Ihr zufolge lassen sich Lebensmittel anhand ihres Geruches und Geschmacks einem der Elemente Feuer, Erde, Metall, Wasser und Holz zuordnen *(Fahrnow und Fahrnow 2005)*.

Herrscht ein Ungleichgewicht und ist ein Element „unterversorgt", kann dies zum Stau in einem anderen Element führen. Ein Beispiel: Eine ungeduldige Person, die sehr jähzornig ist, leidet unter Energie-stauungen im Holzelement. Durch säuerliche Speisen kann der Leber-Energie-Stau wieder aufgelöst werden *(Fahrnow und Fahrnow 2005)*.

Hier einige grundlegende Annahmen über Geschmack und Ursachen, wie sie die TCM sieht:

- **Extreme Vorliebe oder Abneigung gegen sauren Geschmack** kann Anzeichen für ein Ungleichgewicht im Holzelement sein
- **Extreme Vorliebe oder Abneigung gegen bitteren Geschmack** kann Anzeichen für ein Ungleichgewicht im Feuerelement sein
- **Extreme Vorliebe oder Abneigung gegen süßen Geschmack** kann Anzeichen für ein Ungleichgewicht im Erdelement sein
- **Extreme Vorliebe oder Abneigung gegen scharfen Geschmack** kann Anzeichen für ein Ungleichgewicht im Metallelement sein
- **Energiemangel im Wasserelement resultiert in stärkerem Salz-verlangen,** herkömmlich gesalzene Speisen erscheinen diesen Personen als zu fad.

Dies trifft auf Kinder und Erwachsene zu.

Suppenkaspar revisited: Gründe, warum Kinder, die Gemüse verweigern, dieses doch schmackhaft finden könnten

Der Geschmack ist nach der Konsistenz das zweitwichtigste Argument.

Kann man kindliche „Grünzeugverweigerer" zum Gemüsever-zehr animieren? „Nein!", so die oftmals gar nicht leichtfertig erworbe-ne Überzeugung vieler Eltern. **Trotzdem lautet die richtige Antwort „Ja".** Zumindest kann man es versuchen! Hier einige Tipps und Tricks:

Ein holländisches Forscherteam fand erst vor wenigen Jahren her-aus, dass für 4- bis 5-Jährige die Textur (Konsistenz) wichtiger als der Geschmack von Obst und Gemüse ist! Der Geschmack ist nach der Konsistenz das zweitwichtigste Argument. Ebenso empfinden 7- bis 8-Jährige die Textur als zentrales Element, der allgemein gute Geschmack war auch bei dieser Altersgruppe nur das zweitwichtigste Argument, gefolgt von süßem Geschmack auf Platz 3 und der Vorliebe für sauren Geschmack auf Platz 4. 11- bis 12-jährige Kinder fanden den guten Ge-schmack wichtiger als die Textur, die auf Platz 2 rangierte *(Zeinstra et al 2005)*. Daraus lassen sich mehrere Empfehlungen ableiten:

- Auch Gemüse ist nicht gleich Gemüse: Experimentieren Sie mit unterschiedlichen Konsistenzen! Bieten Sie Ihrem Kind rohe ganze Karotten, rohe geriebene Karotten, unterschiedlich weich gekochte Karotten, pürierte Karotten, eingelegte Karotten – vielleicht mundet Ihrem Kind eine Konsistenz besonders. Mais gibt es in Form gekochter oder gegrillter Maiskolben, als eingelegte Mini-Maiskölbchen oder als Dosenmais. Dasselbe gilt für Obst: Die Konsistenz von frischen ganzen und pürierten Himbeeren unterscheidet sich nachhaltig, und manche essen die Himbeeren nur, wenn sie tiefgekühlt und wieder aufgetaut wurden.
- Was gibt's dazu? Karfiol (Blumenkohl) pur oder eine „lecker Sauce"?
- Das Spiel mit den Formen: Schnitzen, hobeln, stechen Sie Gemüse aus: Zucchinienten sehen (zumindest meistens) definitiv ansprechender aus als Zucchinischeiben. Es muss ja nicht täglich sein! Und am allerschnellsten ist es, das gekochte Essen einfach hübsch am Teller zu drapieren: als Figuren, Autos oder Tiere. Dass Formen für Kinder bedeutsam sind, hat die Lebensmittelindustrie schon länger entdeckt. Briochegebäck, Eislutscher oder Kaugummis – sie alle sind nicht nur süß, sondern haben auch ein interessantes Aussehen! Die Form ist übrigens auch bei Obst relevant: In einer umfangreichen Studie an amerikanischen Schulen wurde festgestellt, dass Kinder deutlich mehr Äpfel essen, wenn diese geschnitten angeboten werden, als in ganzer Form (McCool et al 2005).
- Manche Verweigerer von Gemüse verneinen eigentlich nur die gebotene Gemüsemischung, würden aber Singel-Karotten oder Erbsen alleine durchaus essen *(Rützler 2007)*. Schon mal ausprobiert?
- Süße Gemüse wie Karotten, Erbsen und Mais sind zudem meistens beliebter: Sie funktionieren bei vielen Gemüsekaspars.

Das Essen einfach hübsch am Teller drapieren: als Figuren, Autos oder Tiere.

Bei Erwachsenen konnte nach nur 3 Tagen die Vorliebe für Brokkoli oder Karfiol (Blumenkohl) gesteigert werden, wenn die Gemüse einige Sekunden in Zuckerwasser getaucht wurden. Danach schmeckten die Gemüse auch ungesüßt besser als vor dem Experiment. Wurden die Gemüse 3 Tage ungesüßt verzehrt, erhöhte sich die Akzeptanz nur geringfügig *(Capaldi und Privitera 2008)*.

Hilft das vorübergehende Süßen von Gemüse auch bei Kindern? Vermutlich haben sich manche Zubereitungsarten deshalb durchgesetzt: Pastinakengemüse mit Honig (honey roasted parsnips) ist in Großbritannien äußerst beliebt, aber auch im deutschen Raum sind Gemüse manchmal leicht gesüßt, beispielsweise geschmorte Zwiebeln.

- **Kinder essen gerne mit der Hand:** Rohkost-Streifen mit einem Dipp serviert, sind beliebter als Salate *(O.V., Forum Ernährung Heute 2003)*.
- **Geriebene Karotten lassen sich in allerhand Produkten „verstecken":** von der Bolognese-Sauce bis zum Karottenlebkuchen.
- **Obst ist bei Kindern beliebter als Gemüse.** Weintrauben in Feldsalat (Vogerlsalat) oder ein Apfel in der Karottenrohkost können helfen, Kinder für Gemüse zu gewinnen *(O.V., Forum Ernährung Heute 2003)*.
- **Mitunter spricht auch ein lustiger Speise- oder Getränkename ein Kind an.** Die Landwirtschaftskammer Oberösterreich hat beispielsweise in einer Broschüre zu Kinderernährung Getränke mit den Namen Pumukelsaft, Tintenschuss oder Rhabarberflip kreiert *(Schneider und Zaunmair 1995)*. Dass derartige Namen zeitgemäß an beliebte Figuren angepasst werden, versteht sich von selbst.
- **Der Spaßfaktor von Aktivitäten:** Erdbeeren pflücken am Erdbeerfeld, Pilze sammeln, Urlaub am Bauernhof – hier steht nicht das Essen eines gesunden Produktes im Vordergrund, sondern die Aktivität. Das nimmt dem gesunden Essen seine Schwere.

Wichtig ist es, nicht gleich aufzugeben. Aber keine Sorge: Niemand muss jahrelang Karottenautos schnitzen! Oft genügt es, ein paar Impulse zu setzen, bevor das Gemüse zum Selbstläufer wird. **Denken Sie einfach an sich selbst: Mochten Sie von Anfang an Kaffee oder Oliven?**

Gib mir Saueres! Die kindliche Liebe zum verzogenen Gesicht

Kinder – so heißt es oftmals – leben sensorisch in einer anderen Welt als Erwachsene. Diese Aussage bezieht sich üblicherweise auf die Präferenz für süße Produkte, manchmal auch auf Salziges, bei einem Teil der Kinder aber auch auf die Vorliebe für extrem saure Lebensmittel. Beobachtet man das Angebot an Süßwaren am Markt, so lässt sich unschwer erkennen, dass so manch „saures Zuckerl" dabei ist.

Tatsächlich lieben manche Kinder extrem saure Gelees, während diese von Erwachsenen abgelehnt werden. Diese Vorliebe scheint mit der generellen Bereitschaft, neue Lebensmittel auszuprobieren, einherzugehen *(Liem and Mennella 2003)*. Kinder, die saure Gelees mögen, konsumieren eine größere Vielfalt an Obstsorten *(Liem and Mennella 2003)*. Dies betrifft aber nicht die Menge an konsumiertem Obst. Nur bei Buben, nicht aber bei Mädchen im Alter von 8 bis 11 Jahren wurde nachgewiesen, dass die Vorliebe für stark sauren Geschmack auch mengenmäßig mit höherem Obstverzehr einhergeht *(Liem et al 2006)*.

Kinder, die saure Gelees mögen, konsumieren eine größere Vielfalt an Obstsorten.

Machen Mädchen ihre Vorlieben stärker von anderen Faktoren – wie zum Beispiel dem Einfluss der Eltern – abhängig? Mitunter. Bei den Buben mit Sauerpräferenz stellt sich hingegen die Henne-Ei-Frage: Essen sie mehr Obst, weil sie sauren Geschmack gerne mögen, oder mögen sie den sauren Geschmack, weil sie sich via Obst daran gewöhnt haben?

Da die Vorliebe für Saures nur einen Teil der Kinder betrifft, liegen physiologische Ursachen weniger nahe. Eine in diesem Zusammenhang interessante Überlegung besagt jedoch, dass Kinder die saure Produkte bevorzugen, mitunter ein anderes Temperament aufweisen. Forscher gingen dieser Hypothese auf den Grund und boten Kindern drei umgedrehte Tassen mit je einem Bonbon darunter an. Die Kinder erfuhren, dass sich unter der Tasse Z ein Erdbeerbonbon, unter der Tasse Y ein Himbeerbonbon und unter der Tasse X eines mit „mysteriösem" Geschmack befindet. Die Kinder durften sich dann für eine Tasse entscheiden. Das Bonbon mit unbekannter Geschmacksrichtung wurde deutlich öfter von Kindern gewählt, die Sauer lieben *(Liem et al 2004b)*. Dass die bekannten Sorten jeweils süße Früchte sind, könnte natürlich bei „sauren" Kindern eine Rolle für die Wahl der dritten Geschmacksrichtung gespielt haben.

Alle genannten Erkenntnisse bezüglich sauren Geschmacks könnten einen wesentlichen Beitrag leisten, Obst bei Kindern attraktiver zu machen. Etwa indem dem aufgeschlossenen Kind eine unbekannte exotische Frucht oder saure Früchte als Bestandteil von Desserts angeboten werden. Statt dem sauren Zuckerl gibt's dann mal ein saures Fruchtsorbet. Übrigens: Auch auf Farben reagieren Kinder, und sie reagieren unterschiedlich. So bevorzugen etwa „saure" Kinder aus einer Serie an Gelbtönen die grellste, also knallgelbe Farbe *(Liem et al 2004b)*.

Neophobie oder Die Angst, an Neuem zu knabbern

Viele Kinder beginnen etwa im Alter von zwei Jahren, unbekannten Lebensmitteln zu misstrauen *(Blake 2004)*. Die biologische Ursache dafür ist ein Schutzmechanismus: Ein unbekanntes Produkt könnte schließlich gefährlich sein!

Lebensmittel-Neophobie, die Ablehnung neuer Lebensmittel, ist bei Kindern jedoch sehr unterschiedlich ausgeprägt und scheint sich auch nicht auf alle Produkte zu beziehen. Bei Kindern mit starker Neophobie ist die Vielfalt der verzehrten Lebensmitte deutlich eingeschränkt. Manchmal so weit, dass es sich auch auf die Nährstoffversorgung auswirkt. Neophobie verteilt sich gleichermaßen auf Mädchen und Buben und sinkt bei 5- bis 8-Jährigen mit zunehmendem Alter wieder ab *(Rubio et al 2005)*. Betroffen sind primär Obst und Gemüse sowie eiweißreiche Produkte, nicht aber stärkereiche Lebensmittel oder Snacks *(Cooke et al 2006)*. Mädchen, die eine Lebensmittel-Neophobie aufweisen, haben auch Mütter mit dieser Neophobie *(Galloway et al 2003)*!

Um einerseits Neophobie zu überwinden und Kinder andererseits an gesunde Produkte zu gewöhnen, versuchen Erwachsene unterschiedliche Strategien. Vielleicht kommt Ihnen die eine oder andere bekannt vor: Einschränkung unerwünschter Lebensmittel wie Süßigkeiten, Belohnung, Bestrafung, oder die Verpflichtung, von allem zumindest etwas zu kosten …

Um es klar zu sagen: Selbst Letzteres ist kontraproduktiv im Sinne der Freude am Essen und der Genussfähigkeit *(Schmidt 2000)*!

Besser ist es, dem Kind immer wieder neue Lebensmittel anzubieten, ohne dabei Druck auszuüben. Neophobie kann auch durch kindgerechte Sinnesschulungen überwunden werden – dies konnte zumindest bei 8- bis 12-Jährigen in Finnland gezeigt werden *(Mustonen und Tuorila 2007)*.

Mädchen, die eine Lebensmittel-Neophobie aufweisen, haben auch Mütter mit dieser Neophobie.

Im deutschsprachigen Raum gibt es ebenso seit einigen Jahren Initiativen zu Sinnesschulung oder Genussschulung bei Kindern. Deren Fokus liegt jedoch nicht auf der Überwindung von Neophobie: Das in Deutschland entwickelte Programm „Fühlen, wie's schmeckt" soll Kinder für frische Lebensmittel und Qualität sensibilisieren, indem die Erfahrung mit den Sinnen mit Erlebnissen in der Natur verbunden wird. Kinder ertasten frische und ältere Lebensmittel, spielen Duftmemory und lernen, dass die Farbe eines Lebensmittels einen Einfluss auf unsere Geschmackswahrnehmung hat *(Meier-Ploeger A. et al 1999; Meier-Ploeger A. et al 1999-2003)*.

In Österreich wurde vor wenigen Jahren von Lebensministerium, AMA Marketing und der Initiative „Kulinarisches Erbe" die Genussschule „Strizzi, der Genussspecht" für Volksschüler entwickelt. Ein Medienkoffer unterstützt Lehrerinnen und Lehrer, das Thema auf lustige Weise den Kindern näher zu bringen.

Wir essen nicht, was uns schmeckt – uns schmeckt, was wir essen!

Mere Exposure Effect: Das Verlangen nach dem Vertrauten

„Was der Bauer nicht kennt, isst er nicht." Dieses altbekannte Sprichwort beschreibt in prägnanter Form den im Fachjargon so genannten „Mere Exposure Effect". Mit diesem „Effekt der bloßen Darbietung" ist gemeint, dass wir unsere Einstellung gegenüber einem Objekt (auch einer Speise) durch mehrfache Darbietung verbessern. Menschen mögen folglich eine Speise gerade deshalb, weil sie sie bereits gegessen haben.

Ursache für den „Effekt der bloßen Darbietung" ist das vertraute Gefühl – ein Sicherheitsgefühl, das entsteht, wenn ein Lebensmittel gegessen und gut vertragen wurde. Mittlerweile gibt es viele Untersuchungen mit Kindern und Erwachsenen, die belegen, dass bei mehrmaligem Kontakt mit einem Lebensmittel die Vorliebe dafür gesteigert werden kann. Hier einige Beispiele:

- Die **Vorliebe für süße Orangeade** stieg bei Kindern an, nachdem sie das Getränk acht Tage lang konsumierten, ebenso stieg die Vorliebe für gesüßtes Joghurt, während sauer schmeckende Orangeade die Präferenz nicht beeinflusste *(Liem und de Graaf 2004)*.
- Kinder im Alter von 6 bis 10 Jahren, die als **Säuglinge regelmäßig gezuckertes Wasser zu trinken bekamen**, bevorzugten in einer Untersuchung süßere Lösungen als Kinder, die kein oder nur sehr selten gesüßtes Wasser erhalten hatten *(Pepino und Mennella 2005)*.
- Ein sehr spannendes Experiment untersuchte das Verhalten von Kindern im Alter von 6 bis 12 Monaten, die einen Brei beim ersten Mal stark ablehnen und diesen dennoch mehrmals angeboten bekamen. Mütter von 70 Kindern wurden gebeten, ein Gemüse zu nennen, das ihre Kinder dermaßen deutlich abgelehnt hatten, dass sie dieses Gemüse ihren Sprösslingen nicht mehr füttern wollten. Im darauf folgenden Experiment bekamen die Babys 16 Tage lang immer abwechselnd an einem Tag Karottenbrei als beliebtes Gemüse und am anderen Tag das anfangs extrem ungeliebte Gemüse gefüttert. Die Menge, die das Baby verzehrte, und der Eindruck der Mutter, wie sehr dem Baby der Brei schmeckte, wurden festgehalten. Nachdem das anfangs sehr ungeliebte Gemüse zu acht Mahlzeiten gefüttert wurde, aßen und mochten es mehr als 70 Prozent der Babys! *(Mai-*

WAS DER BAUER NICHT KENNT,
ISST ER NICHT.

Es ist entscheidend, Kinder zu animieren, ein gesundes, anfangs unbeliebtes Lebensmittel öfter zu probieren.

er et al 2007). Das Ergebnis dieser Studie unterstreicht ein weiteres Mal, wie entscheidend es ist, Kinder zu animieren, ein gesundes, anfangs unbeliebtes Lebensmittel öfter zu probieren.

- Tofu – zu Zeiten, als er noch weniger verbreitet war als heute – wurde Kindern in unterschiedlichen Kinderbetreuungseinrichtungen am Vormittag als Jause angeboten. Der Tofu wurde dabei in Geschmacksrichtungen wie Erdbeere, Vanille und Schokolade angeboten. Innerhalb eines Kindergartens bekam jedes Kind immer dieselbe Geschmacksrichtung, aber die einzelnen Kindergärten bekamen unterschiedliche Geschmacksrichtungen zur Verfügung gestellt. Nach einiger Zeit wurden den Kindern alle Geschmacksrichtungen in Form eines Buffets angeboten. Und siehe da, die Kinder hatten sich an die jeweilige Geschmacksrichtung, die sie bereits länger erhalten hatten, gewöhnt und wählten diese weiterhin aus! An Abwechslung waren sie erst gar nicht interessiert (Pudel 1995).

- Eine ebenso aussagekräftige Untersuchung wurde an einer Universität in den USA durchgeführt: 2- bis 5-jährige Kinder erhielten 20 Tage gesüßten Grapefruitsaft. Nach 20 Tagen hatten sich Kinder, die den Saft anfangs nicht mochten, an den Grapefruitgeschmack gewöhnt – und mochten Grapefruitsaft nun auch ungesüßt. Mochte ein Kind Grapefruitsaft von Anfang an gerne, steigerte der Zuckerzusatz die Vorliebe hingegen nicht (Capaldi und Privitera 2008).

- Menschen, die eine Abneigung bestimmten Produkten (Rhabarber, Durian) gegenüber hatten, empfanden nach weniger als 10-mal kosten deren Geschmack sogar als gut (Blake 2004). Die Durian ist übrigens eine als „Stinkfrucht" bekannte Frucht, ihr Geruch wird als „eine Mischung aus Käse, Terpentin und faulen Eiern", ihr Geschmack als „eine Mischung aus Knoblauch, Zwiebeln, Mandeln und Vanille" beschrieben (Rias-Bucher 1998). Und selbst diese war plötzlich beliebt!

- Auch ungesüßte und ungewöhnlich aromatisierte Eisteegetränke wurden durch wiederholten Konsum beliebter, wenn auch nur geringfügig. Was nahe legt, dass der „Effekt der bloßen Darbietung weder an eine Kalorienaufnahme noch an süßen Geschmack gebunden ist (Pelchat et al 2003).

Wer jetzt meint, einen Schlüssel für die Präferenzbildung des Geschmacks in der Kindheit in Händen zu halten, hat Recht – und irrt zugleich. Dasselbe Prinzip funktioniert nämlich im täglichen „erwachsenen" Leben: Wir haben überall die Gelegenheit, Schnitzel oder Pizzaschnitten zu essen – erstaunlich, dass diese Produkte bevorzugt werden? *(Derndorfer und Klug 2005)*.

Auch der große Erfolg von Fast-Food-Ketten baut auf dem Phänomen des Effekts der bloßen Darbietung auf: weltweit ein einheitlicher Geschmack und dadurch eine Bindung an das Produkt (zum Beispiel diverse Burger).

Fazit: Was der Bauer kennt, isst er immer wieder.

Gegessen wird, was auf den Teller kommt – Kulturelle Geschmackspräferenzen

Mithilfe des „Effekt der bloßen Darbietung" können auch Geschmacksvorlieben erklärt werden, denen kulturelle Reichweite zukommt. Schließlich werden kulturelle und regionale Essgewohnheiten intergenerationell weltweit (weiter)vermittelt, also bereits von klein auf. So werden etwa mexikanische Babys noch nicht mit Chili-hältigem Brei gefüttert, und ihre Mütter vermeiden durchwegs scharfe Lebensmittel in Schwangerschaft und Stillzeit. Doch werden Kleinkinder im Alter von 1 bis 3 Jahren langsam ermutigt, kleine Mengen Salsa zu kosten, ohne jedoch gezwungen zu werden. Auf diese Weise entwickelt ein Kind langsam Toleranz gegenüber Schärfe *(Mennella, Turnbull et al 2005)*.

Ein weiteres Produkt, an dem sich die Vermittlung kultureller Geschmackspräferenzen eindrücklich nachweisen lässt, ist Lakritze. Dieser kommt nämlich große kulturelle bzw. regionale Spezifität zu. Sie gehört in den Niederlanden, wo sie manchmal sogar gesalzen wird, und Skandinavien zur Geschmackskultur, außerhalb dieser Länder wird sie weitgehend abgelehnt *(Blake 2004)*.

Süß und Süßes: Kinderlebensmittel

Die Arbeiterkammer Wien nahm 2007 48 Kindergetränke ins Visier. Getränke, die entweder das Wort „Kind" auf der Verpackung tragen oder deren Bewerbung und Verpackung deutlich auf Kinder ausgerichtet sind, wurden analysiert. Etwa ein Drittel der untersuchten Produkte trug keine Nährwertkennzeichnung. Die restlichen Getränke enthielten – in Würfelzucker umgerechnet – **durchschnittlich 20 Zuckerwürfel pro Liter** *(Lehner 2007a)*.

Wenn wir uns nun vergegenwärtigen, dass die Vorliebe von Kindern für süße Orangeade nach 8-tägigem Konsum gesteigert wurde (siehe oben), bedeutet dies, dass allein der regelmäßige Verzehr eines sehr süßen Kindergetränkes zu starker Vorliebe für extra süße Getränke führen wird – nur durch mehrfache bloße Darbietung.

Kinder sollen trinken. Eltern haben als mündige Konsumenten aber die Wahl, was gekauft wird.

Kinder sollen trinken, Eltern haben als mündige Konsumenten aber die Wahl, was gekauft wird. Niemand muss spezielle Kindergetränke kaufen. Verdünnte Fruchtsäfte wie Apfelsaft gespritzt, Wasser oder ungezuckerte Früchte- oder Kräutertees sind ernährungswissenschaftlich empfehlenswerter und zudem billiger, als viele Kinderdrinks es sind. Laut Arbeiterkammer Wien *(Lehner 2007a)* sind nur 2 der untersuchten

Wässer als Kindergetränk geeignet, allerdings unterscheiden sich diese ernährungsphysiologisch nicht von gratis erhältlichem Leitungswasser!

> **Die AK empfiehlt daher, selbst gemachte Tees oder Wasser mit Heidelbeer- oder Rote-Rüben-Saft einzufärben, da Kinder Farben lieben, und das Getränk in peppige Trinkflaschen zu füllen.**

Das Angebot von Schulbuffets und Schulautomaten hat ebenso einen Einfluss darauf, was Kinder regelmäßig konsumieren. Nicht als „Kindergetränk" titulierte Limonaden dominieren das Getränkeangebot in schulischen Automaten in Wien. „Gesunde Produkte" gibt es in Schulautomaten hingegen nur selten *(Lehner 2007b)*. Bei Schulbuffets geht es nicht nur darum, was erhältlich ist, sondern auch darum, welche Produkte als **„eye catcher"** eingesetzt werden. Wenig überraschend sind dies Limonaden und Wurstsemmeln, während Milchprodukte selten „eye catcher" sind, obwohl sie häufig angeboten werden *(Lehner 2007c)*.

„Gesunde Produkte" gibt es in Schulautomaten hingegen nur selten.

Nach einigen Jahren Schule, mit dem Angebot durch Buffet und Automat, können sich Präferenzen durch wiederholten Konsum gebildet haben.

Die Macht der Gewohnheit – Beständiges Essverhalten

„Wenn eine 45-jährige Patientin vor mir sitzt, dann kann ich mir vorstellen, dass sie mindestens dreimal am Tag isst und im Jahr mindestens tausend Mahlzeiten einnimmt. Das bedeutet, sie hat in ihrem Leben schon 45.000-mal gegessen. Ich weiß nicht, ob Sie sich vorstellen können, welche Verhaltensstabilität erzeugt wird, wenn Menschen etwas 45.000-mal wiederholt haben. Nun soll ich durch Ernährungsberatung versuchen, dieses so stabilisierte Verhalten zu verändern. Das ist mitunter etwas schwierig", gab ein deutscher Professor nicht ganz zu Unrecht zu bedenken *(Westenhöfer 2000)*.

Ernährungsberatung ist definitiv keine leichte Sache. Die Beratung von Patienten, die bestimmte Lebensmittel meiden müssen, unterscheidet sich natürlich von jener gesunder Menschen, die „nur" einige überschüssige Kilos verlieren wollen. Viele Menschen möchten abnehmen, gesünder leben, aber gleichzeitig auf nichts verzichten. Damit Ernährungsberatung greifen kann, wird daher dem Betroffenen keine völlig neue Ernährungsweise aufgezwungen, sondern es wird zuerst ermittelt, was die Person üblicherweise isst, sprich: welche Lebensmittel sie in welchen Mengen in Form von Mahlzeiten oder Snacks zwischendurch konsumiert, aber auch welche Produkte sie gar nicht mag. Darauf basierend können Empfehlungen abgeleitet werden, wie Mahlzeiten sinnvoll abgeändert werden können, etwa durch Wahl anderer Zubereitungsmethoden oder Veränderung des Verhältnisses der einzelnen Bestandteile.

Die Macht der Gewohnheit zeigt sich auch am Beispiel Deutschland. Die Journalistin Jutta Voigt (2005) beschreibt, was die langjährige DDR-Prägung für Menschen in den neuen Bundesländern bedeutet: die ehemaligen DDR-Bürger kennen inzwischen die Fremde, sie kochen Spaghetti und haben Hamburger probiert. Viele kehren nun aber wieder zum vertrauten Geschmack von Spreewaldgurken, Thüringer Leberwurst, Havelzander, Eisbein mit Sauerkraut oder Königsberger Klopsen zurück.

Ein über lange Zeit stabiles (Ess-)Verhalten prägt uns eben nachhaltig.

Neues verleiht (keine) Flügel – Innovative Produkte (un)beliebt?

Aus der Sicht der Lebensmittelindustrie ist der Effekt der bloßen Darbietung knifflig: Ein neues, innovatives, ungewöhnliches Produkt, das in der Phase der Produktentwicklung Konsumenten zur Verkostung angeboten wird, ist mitunter weniger erfolgreich, wenn es ZU SEHR anders, zu ungewohnt ist. Ein Kunde, der das Produkt mehrmals kostet, kann aber eine stärkere Präferenz dafür ausbilden.

Spezifisch Sensorische Sättigung – Das Verlangen nach Abwechslung

Wäre nur der Effekt der bloßen Darbietung, würden wir täglich das Gleiche essen. Aus Gewohnheit und aus Sicherheit. Dies tun wir offensichtlich und glücklicherweise aber nicht. Dass dem so ist, ist einem zweiten biologischen Programm zu verdanken: der „Spezifisch Sensorischen Sättigung".

Durch das Phänomen der Spezifisch Sensorischen Sättigung entwickeln wir eine kurzfristige Ablehnung gegen einen Geschmack, den wir gerade erst empfunden haben. Womit eben vermieden wird, dass wir immer das Gleiche essen – die Grundlage für eine abwechslungsreiche Ernährung!

Der „Effekt der bloßen Darbietung" und die „Spezifisch Sensorische Sättigung" wirken einander entgegen. Ihre Lieblingsspeise bleibt nur dann als solche erhalten, wenn Sie deren Genuss nicht überstrapazieren!

Aber Kinder verlangen doch oft tagelang nach demselben Gericht – und nicht wenige sehr hartnäckig. Der Grund dafür ist, dass die „Spezifische Sensorische Sättigung" bei Kindern langsamer abläuft als bei Erwachsenen. Weswegen die Kleinen länger das Gleiche essen wollen. Es empfiehlt sich, diesem Wunsch mit einer gewissen Gelassenheit zu begegnen – verstärken doch Versuche, dem entgegenzuwirken, nur noch das diesbezügliche Begehren.

Pudel (2003): „Bei Kindern dauert dieser Prozess relativ lange, so dass Mütter oft beklagen, wie lange ihre Kinder immer wieder z. B. Spaghetti essen wollen."

Es ist schon vertrackt. Die spezifisch-sensorische Sättigung baut sich allmählich auf, wird aber immer wieder gestört, wenn von außen (z. B. durch die Mutter) ein Geschmackswechsel erzwungen wird. Ein Kind, das über den Mere Exposure Effect gerade die Spaghetti als genießbares und gut schmeckendes Gericht entdeckt hat, wird fortan täglich Spaghetti wünschen. Wird dieser Wunsch erfüllt, dann kommt allmählich die Spezifisch Sensorische Sättigung zur Wirkung – was allerdings bei Kindern durchaus Tage oder Wochen dauern kann. Es baut sich eine Abneigung gegen dieses Geschmacksprofil auf, und dann ist die Lust auf Spaghetti vorbei. Doch so lange warten besorgte Mütter selten, und sie servieren ihrem Kind eine Speise, um Abwechslung zu bieten.

Kinder verlangen oft tagelang nach demselben Gericht.

UND TÄGLICH GRÜSST ...
NUDELN MIT ROTER SAUCE:
BEI KINDERN DAUERT ES RELATIV LANGE,
BIS SIE NACH ABWECHSLUNG VERLANGEN!

Genau das aber begünstigt die Vorliebe für Spaghetti. **So erreicht die besorgte Mutter genau das Gegenteil von dem, was sie eigentlich beabsichtigte:** Sie zementiert die Spaghetti-Vorliebe ihres Kindes.

Übrigens: Wie die Alten, so die Jungen – trifft in diesem Zusammenhang für einmal zu, ist doch der Effekt der Spezifisch Sensorische Sättigung im Alter stark verringert *(Hollis und Henry 2007)*.

Vielfalt ist gesund – und macht dick?

Die Spezifisch Sensorische Sättigung hat auch einen Einfluss darauf, wann wir eine Mahlzeit beenden. Bei einem mehrgängigen Menü essen viele trotz Sattheit gerne weiter. Das „All you can eat"-Angebot hat sich bei uns inzwischen auch als Mittagsbüffetvariante breitgemacht. „Iss, so viel du willst", so das verlockende Angebot – „Gegessen, mehr als ich brauch", so das weniger erfreuliche „übliche" Ergebnis. Erkennen Sie sich wieder? **Die Vielfalt bei einem Buffet verleitet uns regelrecht dazu, von allem was zu essen – und somit insgesamt mehr!**

Letztendlich ist die Vielfalt ein ernährungswissenschaftliches Paradoxon: Durch Lebensmittelvielfalt ist der Nährstoffbedarf am ehesten gedeckt, weswegen die Deutsche Gesellschaft für Ernährung zu Recht empfiehlt, dass man vielseitig essen soll: „Genießen Sie die Lebensmittelvielfalt. Merkmale einer ausgewogenen Ernährung sind abwechslungsreiche Auswahl, geeignete Kombination und angemessene Menge nährstoffreicher und energiearmer Lebensmittel" *(Deutsche Gesellschaft für Ernährung 2007)*. Schließlich schmecken Lebensmittel, sinnvoll innerhalb einer Mahlzeit kombiniert, nicht nur gut, sondern können sich auch bezüglich deren Inhaltsstoffe ideal ergänzen.

Zu viel Abwechslung innerhalb einer Mahlzeit kann aber bei Personen mit Gewichtsproblemen kritisch sein, da der Effekt der „Spezifisch Sensorischen Sättigung" nicht einsetzt und die Portionsgröße entsprechend höher ausfällt.

Dass Vielfalt dick machen kann, wurde auch durch folgendes Experiment belegt: In Form von vier Gängen wurden zuerst Würste, dann Brot mit Butter, gefolgt von Schokolade und Bananen angeboten. Eine zweite Gruppe erhielt ebenso vier Gänge, aber immer dasselbe. Die erste Gruppe aß um 44 Prozent mehr als die zweite Gruppe und nahm um 60 Prozent mehr Energie auf *(Paulus 2002)*.

An dieser Stelle möchte ich auch darauf hinweisen, dass Farben unser Konsumverhalten deutlich beeinflussen. Solange wir nicht wirklich physiologisch „vollgestopft" sind, können wir immer Platz für mehr Essen machen. Hunger erklärt nur zu einem Teil, wie viel wir von etwas essen, Umweltfaktoren wie Farbe oder Vielfalt des Essens kommen dazu. Wir greifen nämlich öfter zu, je farbiger und variantenreicher unser Essen ist: Kinder und Erwachsene aßen mehr, wenn Geleekugeln in 24 statt 6 Farben angeboten wurden – aber nur dann, wenn diese nach Farben sortiert vorlagen *(Kahn und Wansink 2004)*.

> **Wir greifen nämlich öfter zu, je farbiger und variantenreicher unser Essen ist.**

> **Fazit:** Beschränken Sie sich nicht auf generell weniger Abwechslung. Wenn Sie aber unter Gewichtsproblemen leiden, verteilen Sie die verschiedenen Lebensmittel auf mehrere Mahlzeiten, damit sie nicht „zu bunt" werden.

Form follows sale!

Dass Geschmack und Zusammensetzung einen Einfluss auf die „Spezifisch sensorische Sättigung" hat, scheint einleuchtend. **Aber wie steht's mit der Form von Produkten? Besser dicke oder dünne Brotscheibe, große oder kleine Kekse?**

Hängt vom Interesse ab. Bei Snacks wurde der Einfluss der Form auf die Sättigung bereits untersucht: Hier ist die Form – Riegel oder kleine Häppchen, aber mit identischer Zusammensetzung – jedenfalls mit ausschlaggebend dafür, wann Personen aufhören zu snacken. Die Spezifisch Sensorische Sättigung tritt beim selben Produkt, in kleinen Häppchen angeboten, schneller auf als in Form größerer Riegel *(Weijzen et al 2007)*.

In diesem Sinne lässt sich die Spezifisch Sensorische Sättigung auch zum persönlichen Nutzen einsetzen: Etwa wenn ein nieder energetisches Lebensmittel vor oder zur Hauptspeise gekaut wird, beispielsweise Salat *(Smeets et al 2006)*. Und durch das Kauen von Kaugummi sinkt sowohl das Bedürfnis, einen Snack zu verzehren, als auch die Energieaufnahme *(Hetherington 2007)*. Bei Getränker ist die Menge des Getränkes entscheidender für die Spezifisch Sensorische Sättigung als der Kaloriengehalt *(Bell et al 2003)*.

> **Durch das Kauen von Kaugummi sinkt das Bedürfnis, einen Snack zu verzehren.**

Schmauen Sie schon, oder essen Sie noch? – Der Faktor Zeit

Schmauen setzt sich aus Schmecken und Kauen zusammen.

Haben Sie den Begriff SCHMAUEN schon einmal gehört? Schmauen setzt sich aus Schmecken und Kauen zusammen. Diese langsame und bewusste Art zu essen – anstatt die Nahrung zu verschlingen – reguliert Sättigung und Speichelfluss *(O.V., Forum Ernährung Heute 2004)*.

Auch die Spezifisch Sensorische Sättigung hängt mit der Dauer der Nahrungsaufnahme eines einzelnen Produktes zusammen *(Brondel et al 2007)*. **Wird das Produkt langsamer gegessen, sinkt nach vergleichsweise geringerer Verzehrmenge das Bedürfnis nach diesem Produkt.** Der bekannte und gute Tipp des langsamen Essens ist somit im Sinne der Gewichtskontrolle hilfreich. **„Nehmen Sie sich Zeit, genießen Sie Ihr Essen"**, empfiehlt auch die Deutsche Gesellschaft für Ernährung *(Deutsche Gesellschaft für Ernährung 2007)*.

Die Schnecke dient als Symbol der Slow-Food-Bewegung.

Slow Food geht ebenso in Richtung schmauen, verfolgt jedoch umfangreichere Ziele. Es geht um Sinnlichkeit, Vielfalt, Geruhsamkeit und Genuss. Die Schnecke dient als Symbol der Slow-Food-Bewegung. Die 1989 gegründete Organisation mit weltweit mehr als 80.000 Mitgliedern hat sich zum Ziel gesetzt, lokale Esstraditionen und typische Lebensmittel zu erhalten, eine verantwortliche Landwirtschaft und artgerechte Tierzucht zu fördern und den Herstellern faire Löhne zu bezahlen. Der Kampf gegen Fast Food ist hingegen nicht das deklarierte Ziel.

Nein, mein Brot ess ich nicht? – Sättigungsresistente Lebensmittel

Ob die Suppen-Erzählung mit diesem Tite zum Klassiker geworden wäre? Vermutlich nicht. Denn Grundnahrungsmittel wie Brot können wir täglich verzehren, ohne uns davon satt zu essen. Das liegt nicht nur an der großartigen Vielfalt im Brotsortiment! Brot scheint regelrecht „resistent" gegenüber Spezifisch Sensorischer Sättigung zu sein, wie an 26 Brotsorten getestet wurde *(Johnson und Vickers 1991)*. Ähnliches gilt für Kartoffeln. In einer Untersuchung bekamen Personen tagelang dieselbe Mahlzeit: Fleischbällchen, Kartoffeln, Bohnen und Sauce – die Vorliebe für und der Konsum von Fleischbällchen und Bohnen sanken, nicht jedoch von Kartoffeln *(Meiselmann 1994)*.

Doch was macht ein Grundnahrungsmittel wie Brot oder Reis oder Kartoffeln täglich attraktiv? Ist es der vergleichsweise wenig komplexe Geschmack (im Vergleich zu sehr spezifisch gewürzten Gerichten)? Liegt es daran, dass Brot so unterschiedlich kombiniert werden kann (mit Käse, Wurst, diversen pikanten Aufstrichen, Butter und Margarine, Honig oder Marmelade und vielem mehr) und damit immer wieder anders schmeckt? Ebenso können Kartoffeln oder Reis als Beilage zu vielen Gerichten dienen und sind dabei eher die geschmacksneutralere Komponente.

Oder liegt ein biologisches Programm zugrunde? Am Ballaststoffgehalt von Lebensmitteln liegt es nicht: Suppen und Muffins mit mehr oder weniger Ballaststoffen hatten einen vergleichbaren Einfluss auf die spezifisch sensorische Sättigung *(Manthey und Vickers 1996)*.

> Grundnahrungsmittel wie Brot können wir täglich verzehren, ohne uns davon satt zu essen.

„Wer behauptet, man dürfe den Wein nicht wechseln, ist ein Ketzer; die Zunge stumpft sich ab, nach dem dritten Glase verliert der beste Wein seine Eigenheit."

Brillat-Savarin

Exkurs: Essstörungen und Geschmacksempfinden von Jugendlichen

Nur etwa die Hälfte der behandelten Patienten wird später symptom-frei.

Essstörungen sind psychische Krankheiten und buchstäblich ein gewichtiges Problem. Vor allem Mädchen und junge Frauen im Alter von 12 bis 25 Jahren – etwa 5 Prozent in dieser Altersgruppe – weisen Essstörungen auf, wobei auch Burschen und junge Männer zunehmend erkranken *(ARGE österreichischer Jugendinfos 2002)*. Nur etwa die Hälfte der behandelten Patienten wird später symptomfrei *(Gerlinghoff und Backmund 2002)*.

Man unterschiedet mehrere Formen der Essstörung: **Magersucht** (Anorexia nervosa), **Ess-Brech-Sucht** (Bulimia nervosa) und **Esssucht ohne Erbrechen** (binge eating disorder). Allen gemeinsam ist, dass dem Essen und der Beschäftigung mit Körpergewicht und Figur zentrale Bedeutung zukommt.

Bei Magersucht hat das Genießen keinen Platz. Gar nicht wenige magersüchtige Personen entwickeln deswegen eine spezielle Esstechnik, die das sensorische Erleben im Mund vermeidet. Die Nahrung wird entweder mit der Gabel weit nach hinten in den Mund geschoben und sofort geschluckt, oder sie wird lange auf den Backenzähnen mit einer speziellen Technik gekaut, sodass das sensorische Empfinden ebenso weitgehend vermieden wird *(Logue 1995)*!

Bei Magersucht hat das Genießen keinen Platz.

Eine vergleichbare Esstechnik kenne ich nur von einer – normal essenden – Freundin, die Rosinen ablehnt und im Kaffeehaus vermeiden möchte, auf Rosinen im Topfenstrudel zu beißen. Sie hat eine Esstechnik entwickelt, mithilfe derer sie Rosinen an den Gaumen drückt und von der Topfenmasse abtrennt, um sie cann als Ganzes schlucken zu können. Was hier als liebenswerter Spleen in Zusammenhang mit einem nicht präferierten Geschmackserlebnis erscheint, ist, verbunden mit dem zwanghaften Zugang zum Körper, aber ein krankheitswertiges Symptom.

Seit einiger Zeit spricht man von einer weniger gefährlichen, aber dennoch das Leben beeinträchtigenden Störung: Orthorexia nervosa. Darunter versteht man die krankhafte Besessenheit von gesundem Essen, die mit einer **strikten Einteilung in „gute = erlaubte" und „schlechte = verbotene" Lebensmittel** beginnt. Nahrung kommt auch hier eine übersteigerte alltägliche Bedeutung zu *(Degen 2003)*: Orthorektiker verbringen mehr als drei Stunden täglich damit, über gesunde Lebensmittel nachzudenken, der Gesundheitsaspekt des Essens ist wichtiger als das Vergnügen beim Essen, und bestimmte Produkte werden nicht mehr gegessen, weil andere gesünder sind.

Das ins Extrem gesteigerte „gesunde" Essverhalten führt a la longue zu gesellschaftlicher Isolation *(Kinzl et al 2004)*.

Orthorexia nervosa: die krankhafte Besessenheit von gesundem Essen.

Alt und frisch – Veränderte Wahrnehmung im Alter und keine Lust auf „Seniorenlebensmittel"

„Das Tafelvergnügen gehört jedem Alter, jedem Stande,
allen Ländern und Zeiten; es schließt sich allen anderen Genüssen
an und bleibt am Ende, uns über deren Verlust zu trösten."

Brillat-Savarin

Die Gruppe der
Senioren ist somit
eine Gruppe,
die sich zunehmend
vergrößert – und
gleichzeitig emotio-
nal verjüngt.

Moderne Alte: Offen für neue Lebensmittelangebot

Während in Österreich im Jahr 2007 22,2 Prozent der Bevölkerung über 60 Jahre alt ist, liegt die Prognose für 2050 bei 34,2 Prozent *(Statistik Austria 2007)*. Die Gruppe der Senioren ist somit eine Gruppe, die sich zunehmend vergrößert – und gleichzeitig emotional verjüngt.

Heutige Senioren entsprechen keineswegs mehr früheren Stereotypen, auch nicht in Sachen Lebensmittel. **Eine deutsche Untersuchung zeigt, dass viele Senioren täglich einkaufen gehen, da sie den sozialen Aspekt dabei schätzen und infolge nahezu jedes neue Produkt kurz nach dessen Markteinführung wahrnehmen.** Und Produkte, die Senioren als interessant einstufen, werden auch ausprobiert. Ältere Menschen scheinen also nur geringe Scheu vor neuen Lebensmitteln aufzuweisen. Weswegen Convenience kein Fremdwort und Qualität zu fairen Preisen ein wichtiges Thema ist. Befragungen legen nahe, dass das Kochen – jahrelang im Sinne der Familienversorgung eine Pflichtaufgabe – im Alter zunehmend mehr als Hobby denn als Muss angesehen wird. Dabei werden speziell die als Seniorenlebensmittel ausgewiesenen Produkte vermieden *(Raeker und Piper 2005)*.

Das ist nicht wirklich verwunderlich – wer möchte schon als alt eingestuft werden? **Anti-Ageing liegt im Trend, da passen Seniorenprodukte nicht dazu.** Die Motivforscherin Sophie Karmasin *(2006)* empfiehlt, anstelle eines „Happy-Senior-Menüs" ältere Menschen über deren Lebenswelten anzusprechen.

Und aus ernährungswissenschaftlicher Sicht gebe es durchaus Gründe, in das Präferenzverhalten der älteren Generation regulierend einzugreifen.

Weisen diese doch bei manchen Nährstoffen Defizite auf: zu geringe Ballaststoffaufnahme, zu niedrige Aufnahme der Vitamine D, E, Provitamin A und Folsäure. Weiters sind Jod, Calcium und Magnesium Risikonährstoffe. Eine gute Nachricht, der beträchtliche Ernährungs-

WIE ALT MAN SICH FÜHLT,
IST AUCH KOPFSACHE.

relevanz zukommt, ist dagegen, dass die Versorgung mit Zink bei Senioren weitgehend ausreichend ist. Einzige Ausnahme stellen Männer über 85 dar *(Elmadfa et al, Österreichischer Ernährungsbericht 2003)*. **Zink ist einerseits bei der Appetitregulierung wichtig** *(Schindlegger 2001)*, **andererseits für Wachstum und Erhaltung der Geschmackspapillen auf der Zunge** *(Rathmanner 2006/2007)*. Schwerer Zinkmangel resultiert somit – neben anderen Symptomen – in einer reduzierten Geschmackswahrnehmung und Appetitlosigkeit *(DACH 2000)*.

Geschmacksveränderung im Alter: Individuelle Verschiebungen und Sinneseinbußen

Die Weltgesundheitsorganisation WHO definiert folgende vier Gruppen:

51–60 Jahre	=	alternde Menschen
61–75 Jahre	=	ältere Menschen
76–90 Jahre	=	alte Menschen
91–100 Jahre	=	sehr alte Menschen

(Deutsche Gesellschaft für Ernährung 2001)

Diese Einteilung erscheint beim Anblick vieler Menschen um die 60 gar nicht zutreffend. **Und richtig: Wie alt man sich fühlt, ist auch Kopfsache.** Was die Sinneswahrnehmung betrifft, so verändert sich diese jedenfalls nicht mit Eintritt ins Rentenalter – sondern kontinuierlich mit zunehmendem Alter. Zudem vergrößert sich die individuelle Schwankungsbreite mit zunehmendem Alter. Während bei manchen Personen die Veränderung kaum merkbar ist, ist sie bei andern geradezu drastisch.

Womit wir bei dem Wie der Veränderung sind. Generell gilt, dass – im Durchschnitt – alle Sinne betroffen sind. So verschlechtert sich mit zunehmendem Alter das Erkennen von Grundgeschmacksrichtungen und die Geruchsleistung. Mit verantwortlich dafür ist, dass sich die Anzahl der Geschmackszellen deutlich reduziert: Während Neugeborene ca. 10.000 Geschmacksknospen besitzen, kommen alte Menschen nur mehr auf ca. 2000 *(Plattig 1995)*. Mehr als die Hälfte der über 65-Jährigen und mehr als drei Viertel der über 80-Jährigen klagen außer-

Während Neugeborene ca. 10.000 Geschmacksknospen besitzen, kommen alte Menschen nur mehr auf ca. 2000.

dem über **Riechstörungen** *(Schindlegger 2001)*. Ein Grund dafür ist, dass sich die Sinneszellen in der Riechschleimhaut der Nase im Alter viel langsamer regenerieren bzw. sich verändern. Genau genommen wird Riechen dabei nicht generell verschlechtert, sondern die Wahrnehmung von spezifischen Düften lässt nach. Das heißt, Riechen ändert sich nicht nur quantitativ, sondern auch qualitativ. Das gewohnte Gleichgewicht im Geruch von Speisen und Getränken wird zerstört *(Ding-Greiner 2005)*.

Auch die Beliebtheit von Gerüchen bleibt vom Prozess des Alterns nicht ausgespart: Während die Vorliebe für Erdbeergeruch im Laufe des Lebens geringer wird, steigen die Beliebtheit für Orangenöl und Lavendelöl ab 20 Jahren an, und auch Vanilleduft wird im Alter beliebter *(Ding-Greiner 2005)*.

Wie sieht es mit dem Geschmack aus? Zahlreiche Untersuchungen zeigten auf, dass die Empfindlichkeit für sämtliche Grundgeschmacksrichtungen absinkt *(Mojet et al 2001)*. Bei Waffeln wurde gezeigt, dass ältere Menschen (60–85 Jahre) den süßen bzw. salzigen Geschmack als geringer empfanden als Jüngere (18–35 Jahre). Bei den süßen Waffeln wurde auch die Vanilleintensität, bei den salzigen Waffeln die Intensität des Käsegeschmacks von den Älteren als geringer empfunden. Ältere empfanden die süßen Waffeln als weniger fettig *(Kremer et al 2007)*. Aufgrund der schlechteren Sinnesleistung ist die optimale Geschmackskonzentration bei älteren Menschen bei manchen Produkten höher als bei jungen (zum Beispiel mehr Tomatenkonzentrat in der Tomatensuppe, mehr Suppenwürze in der gleichen Menge Wasser, mehr Kakao im Schokopudding) *(de Graaf 1996)*.

> **Riechen ändert sich nicht nur quantitativ, sondern auch qualitativ.**

> **Ältere empfanden die süßen Waffeln als weniger fettig.**

Auch bevorzugen Senioren eine erhöhte Süßkonzentration in verschiedenen Produkten *(De Jong 1996, Zandstra 1998)*. Bei salzigem Geschmack von Suppen wurde aber in einer Untersuchung festgestellt, dass ältere Menschen weniger salzige Suppen bevorzugten als junge *(Drewnowski et al 1996)*. Womit eine weitverbreitete Meinung widerlegt ist: Senioren bevorzugen intensivere Produkte nicht generell. Offensichtlich ist die „ideale Geschmacksintensität" abhängig vom Produkt und von der Geschmacksrichtung.

Sehsinn und Gehörsinn verschlechtern sich in der Regel ebenso. So büßt das Sehen die Fähigkeit, Gelbtöne zu unterscheiden, im Alter zwischen 60 und 90 Jahren zunehmend ein, da in dieser Zeit die Augenlinse gelber wird *(Yoshida 1997)*. 80-Jährige unterscheiden im blau-grünen Bereich schlechter als im gelb-roten *(Wijk et al 1997)*.

Dass die Kauleistung im höheren Alter sinkt, ist allgemein bekannt.

Und die Textur? Dass die Kauleistung im höheren Alter sinkt, ist allgemein bekannt. Ebenso verbreitet ist (die daraus geschlussfolgerte) Meinung, dass ältere Menschen deswegen aber nur breiige Konsistenzen mögen. Allein: Es handelt sich um einen Trugschluss. In Finnland und Großbritannien wurde ein Experiment durchgeführt, bei dem Personen im Alter über 60 (im folgenden Absatz liebevoll als „Ältere" bezeichnet) Karotten in diversen Varianten erhielten: rohe Karottenscheiben, unterschiedlich lang gekochte Karottenscheiben, gekochte und anschließend pürierte Karotten, getrocknete Karottenscheiben, dickere rohe Scheiben oder Stücke, gefrorene, grob geriebene, fein geriebene Karotten oder aufgetaute Babykarotten. Die Karotten unterschieden sich somit deutlich hinsichtlich ihrer Textur, sie waren unterschiedlich hart, unterschiedlich fasrig, unterschiedlich feucht und vieles mehr. Die Senioren wurden gefragt, wie gerne sie die jeweilige Textur mochten und wie schwierig diese zu essen waren. Zum Vergleich erhielten 23- bis 41-Jährige („Die Jüngeren") ebenso diverse Karottenproben. Das eigentlich logische Ergebnis: Jüngere und Ältere fanden die Karotten dann als schwer zu essen, wenn sie länger gekaut werden mussten, wenn sie hart, knusprig oder fasrig waren. Die jüngere Gruppe bevorzugte zwar die härteren und knusprigeren Varianten, die breiigen Konsistenzen wurden aber auch von der älteren Gruppe nicht bevorzugt *(Roininen et al 2003)*.

Eine andere Untersuchung unterteilte Senioren abhängig von der Anzahl ihrer Zähne in drei Gruppen mit mindestens 20 Zähnen, 1 bis19 Zähnen und zahnlos. Verkostet wurden jeweils 5 Fleischsorten, Gemüsesorten, Brotsorten und Obstsorten. Alle drei Gruppen bevorzugten weiches Fleisch und ebenso Gemüse, die weich zu kauen und zu schlucken waren. Personen mit gar keinen oder 1 bis 19 Zähnen bevorzugten interessanterweise harte Brotsorten! Personen mit Zähnen mochten Obst mit fester Textur, während zahnlose Senioren, die zwar hartes Brot bevorzugen, bei Früchten saftige weiche Konsistenzen den Vorzug gaben *(Michon et al 2007)*.

Smoothies, neue am Markt erhältliche Getränke aus Saft und Fruchtmus, die nicht als Seniorenlebensmittel positioniert sind und auch nicht als solche propagiert werden, sondern als praktische Form des Obst- und Gemüseverzehrs angepriesen werden, können für diese Zielgruppe daher ein sinnvoller Beitrag sein. Wie sinnvoll, darüber entscheidet die Zusammensetzung.

Die Rezepturen der am Markt erhältlichen Produkte variieren nämlich deutlich: mehr Mus oder mehr Saft, mit oder ohne Gemüse, mit einem Schuss Joghurt oder reine Frucht. Damit die Empfehlung, fünf Portionen Obst und Gemüse am Tag zu essen, leichter umgesetzt werden kann, kann bis zu eine Portion durch ein Glas Saft ersetzt werden. Besteht ein Smoothie jedoch mindestens zur Hälfte aus Mark, Püree oder Fruchtstücken, so können dadurch gelegentlich bis zu zwei Portionen Obst bzw. Gemüse ersetzt werden. **Angesichts der besonderen Wirkung des „Volumens" von Obst und Gemüse ist es allerdings nicht förderlich, wenn Smoothies durch Wasserentzug „konzentriert" werden.** Damit geht das für die Sättigung wichtige Volumen verloren, und natürlich nimmt auch die Energiedichte des Produkts zu *(Deutsche Gesellschaft für Ernährung 2007)*.

Mit höherem Alter wird auch das Thema soziale Isolierung relevanter. Senioren essen und trinken häufig alleine, und dies kann sich negativ auf die Nahrungsaufnahme auswirken. Neben dem sozialen Aspekt können psychische Probleme (z. B. Depression), Organerkrankungen und physiologische Faktoren (z. B. niedrigerer Grundumsatz, veränderte Körper-Zusammensetzung, verzögerte Magenentleerung und dadurch früher eintretende Sättigung) für eine zu geringe Nahrungsaufnahme mancher alten Menschen verantwortlich gemacht werden *(Schindlegger 2001)*.

Seitens der Industrie werden bei uns keine (oder kaum) Seniorenlebensmittel angeboten. „Lebensmittel, die speziell für ältere Menschen konzipiert sind, findet man in Supermärkten kaum" *(Mörixbauer: ernährung heute 5/2006)*.

Wobei Seniorenprodukt auch nicht bedeutet, dass es breiig sein muss; vielmehr könnten diese ein normales Produkt sein, das mit kritischen Nährstoffen angereichert ist.

Viele der geschilderten Untersuchungen wurden gerade deshalb gemacht, um festzustellen, was Senioren mögen und was nicht und wie sich die Sinnesleistung im Alter verändert. Einige Studien wurden im Rahmen eines EU-Projektes durchgeführt, das sich mit Essen im Alter beschäftigte. Die Erkenntnisse daraus können der Lebensmittelindustrie als Basis dienen, sinnvolle Produkte zu entwickeln, die den Präferenzen der älteren Konsumenten auch entsprechen und eben gerade nicht auf Stereotypen basieren.

Stereotypen, die in unserer Gesellschaft das Bild vieler Menschen von „Alt und Essen" prägen.

Fazit: Was wir mögen ist veränderlich! Wir werden zwar mit bestimmten Geschmackspräferenzen geboren – ob wir dann aber gestillt werden, als Kinder mit Essen belohnt oder getröstet werden, in welcher Region und Kultur wir leben und welche Speisen wir regelmäßig verzehren, prägt und verändert unsere Vorlieben im Laufe des Lebens.

TEIL II:

SCHOKOLADE, SUSHI, BIO-LEBENSMITTEL:
ICH MAG SIE, DU MAGST SIE NICHT, ER MAG SIE, SIE MAG SIE NICHT ...?

ERKLÄRUNGSMODELLE FÜR INDIVIDUELLE VORLIEBEN

Ganz individuell

Über den Ge-
schmack kann man
streiten, solange,
bis dieser Streit
geschmacklos wird.

Uhlenbruck

Was Erwachsene essen, begründet sich auf vielen bereits bespro-
chenen Effekten, die bei Kindern schon zu tragen kommen. Die Gewöhnung an Lebensmittel durch den **Mere Exposure Effect** funktioniert bei
Erwachsenen ebenso, und die **Spezifisch Sensorische Sättigung** als
Regulativ gegen einseitige Ernährung ist bei Erwachsenen sogar
schneller wirksam als bei Kindern.

Auch junge Erwachsene können an Essstörungen erkranken. Und
Neophobie, die Scheu vor neuen unbekannten Produkten, haben auch
manche Erwachsene in ausgeprägter Form.

Daneben spielt das Geschlecht keine unbedeutende Rolle. **Bereits
bei Kindern unterscheiden sich Buben und Mädchen im Obst- und
Gemüsekonsum.** Und es bedarf keiner wissenschaftlichen Studie, um
feststellen zu können, dass erwachsene Frauen und Männer in Durchschnitt anderes Essen und Trinken bevorzugen. Man muss sich nur um-
sehen – oder sind Sie schon einmal in einem vegetarische Restaurant
gesessen, indem überwiegend Männer dinierten, bzw. an einem
Würstelstand ausschließlich unter Frauen zu stehen gekommen?
Letztere essen nicht „einfach so" gesünder, sondern tun dies sehr bewusst. Frauen verzehren im Durchschnitt mehr Obst und Gemüse und
haben weniger Problem, auf Fleisch zu verzichten. Fanatische Rohköst-
ler sind allerdings primär unter jungen Männern zu finden: **„Fleischver-
zicht ist weiblich, doch sich an rohen Sellerieknollen die Zähne
auszubeißen, das ist männlich.** Es passt zum traditionellen Image des
Hart-Mann, der sich in allerlei Kämpfen bewähren muss" *(Zittlau 2003)*.

Wie weit diese geschlechtsbezogenen Unterschiede biologisch oder
gesellschaftlich bedingt sind, ist eine andere Sache. Gesunde Ernährung spiegelt sich eben auch optisch wieder: **Frauen, die sich gesund
ernähren, haben normalerweise auch keine Figurprobleme.** Der
soziale Druck, keine solchen zu haben, ist hier nicht wegzuleugnen.

Dass Hormone die Sinneswahrnehmung beeinflussen, ist bei Frauen
in der Schwangerschaft oder bei Verhütung mit der Anti-Baby-Pille Thema. Was ist daran wahr? Schließlich scheinen ja alle zu wissen: Essen
in der Schwangerschaft ist von Schokolade und Gurken geprägt. Und
das, obwohl Schwangere Studien zufolge feinere Nasen und einen bes-
seren Geschmackssinn haben. Wählt man mit feineren Sinnen solche
Kombinationen?

FRAUEN VERZEHREN IM DURCHSCHNITT MEHR OBST UND GEMÜSE

UND HABEN WENIGER PROBLEME, AUF FLEISCH ZU VERZICHTEN.

Vor 120 befragten schwangeren Frauen in Schweden bestätigten fast 70 Prozent ungewöhnliche Geruchswahrnehmungen in der frühen Schwangerschaft, 60 Prozent entwickelten Abneigungen gegen manche Produkte, und Alltagsgerüche wie Kaffee, Vanille, Zigarettenrauch oder Parfumgeruch wurde von einem Drittel als intensiver empfunden *(wissenschaft.de 2003).* **Die höhere Geruchsempfindlichkeit ist aber nicht der Grund, warum manche Frauen im frühen Schwangerschaftsstadium unter Erbrechen leiden** *(Hummel et al 2002).* Allen Betroffen ein wenig zum Trost: Das Erbrechen hat einen biologischen Sinn. Es ist eine Schutzfunktion für den Embryo vor natürlich vorkommenden Pflanzen- und Bakteriengiften, die nur in den ersten drei Monaten, in denen der Fötus am empfindlichsten ist, relevant ist *(Pollmer et al 1994).*

Der Geschmackssinn in der Schwangerschaft unterliegt ebenso Veränderungen, vor allem in den ersten drei Monaten. Schwangere nehmen einer Studie zufolge salzigen Geschmack am Anfang intensiver wahr als im zweiten und dritten Schwangerschaftsdrittel, und die Vorliebe für salzig steigt im Laufe der Schwangerschaft an. Bitter wird im ersten Schwangerschaftsdrittel ebenso intensiver empfunden, gegen Ende der Schwangerschaft wird bitter weniger stark abgelehnt. Auch die Vorliebe für sauer sinkt einer Untersuchung zufolge im ersten Schwangerschaftsdrittel ab und steigt anschließend wieder an *(Duffy et al 1998).*

Auch in meinem eigenen Freundes- und Bekanntenkreis haben schwangere Frauen von plötzlich geänderten Vorlieben berichtet: Eine Freundin, zurückhaltend im Fleischkonsum, hatte zu Beginn der Schwangerschaft plötzlich großes Verlangen danach, während sie Weihnachtskekse und Schokolade weniger als sonst mochte. Eine andere entwickelte extreme Lust auf frisches Obst und Gemüse.

Nicht schwangere Frauen haben in der fruchtbaren Zeit einen besonders ausgeprägten Geruchssinn. Die Pille wirkt hier nivellierend: Wird die Pille als Verhütungsmittel eingenommen, bleibt der Geruchssinn stets auf gleichem Niveau *(o.V. Food & Sensorik 7/2002)*.

Auch Männer reagieren auf ihre Hormone: Männer, die in einer Untersuchung aufgefordert wurden, sich 15 Minuten mit einer echten Pistole zu beschäftigen und eine Gebrauchsanweisung dafür zu schreiben, hatten nach dieser Zeit mehr vom wichtigsten männlichen Sexualhormon Testosteron im Speichel als jene Männer, denen dieselbe Aufgabe mit einer Spielzeugpistole gestellt wurde. Im Anschluss daran wurden die Männer aufgefordert, in ein Glas Wasser so viel scharfe Sauce zu geben, wie sie wollten – mit dem Hinweis, ein anderer müsse es dann trinken (!). **Die Männer, die sich mit der echten Pistole beschäftigt hatten, tropften deutlich mehr scharfe Sauce hinein als die Männer mit Spielzeugpistolen** *(Klinesmith et al 2006)*.

Bei all diesen Feststellungen möchte ich jedoch betonen, dass sich Ergebnisse von Studien immer auf Bevölkerungsgruppen oder Personengruppen beziehen, aber nicht automatisch auf jede Einzelperson umlegbar sind. Sicher gibt es auch schwangere Frauen, deren Sinneswahrnehmung sich nicht im vorhin beschriebenen Muster ändert, so wie es viele Männer gibt, die sich gesund ernähren. Und wie Sie im Laufe dieses Buches sehen, gibt es sehr viele Aspekte, die unsere Vorlieben beeinflussen, sodass eine Studie immer nur einen Teil davon berücksichtigen, aber niemals alle möglichen Aspekte gleichzeitig unter Betracht ziehen kann. Je mehr Studien aber ähnliche Ergebnisse hervorbringen – wie zum Beispiel beim Mere Exposure Effect, der bereits in Hunderten Experimenten bei unterschiedlichen Bevölkerungsgruppen nachgewiesen wurde –, umso sicherer ist ein Ergebnis.

Anders als bei Kindern kommen bei Erwachsenen einige Aspekte hinzu, die die Wahl von Lebensmitteln und deren Präferenz beeinflussen können:

- **der finanzielle Aspekt** (tatsächliches Einkommen, aber auch Zeitphänomene wie „Geiz ist geil", das seinen Höhepunkt überschritten haben dürfte)
- **der soziale Aspekt** (Essen aus Frust, Langeweile oder Geselligkeit)
- **die familiäre Situation** (wenn Kinder im Haus sind, bestimmen diese den Speiseplan zumindest mit)
- **die berufliche Situation** (Vollzeit- oder Teilzeitbeschäftigung, keine Erwerbstätigkeit und das Ausmaß von Stress und Schlafmangel)
- **das Interesse an Ernährung, Gesundheit, gutem Essen und Kochen.** Dies inkludiert die Suche nach außergewöhnlichen Geschmacksrichtungen, gegebenenfalls gewählte alternative Ernährungsformen wie Vegetarismus, Diäten oder Fasten und eventuelle Nahrungsmittel-Unverträglichkeiten.
- **der Konsum von Genussmitteln** (Schokolade betrifft uns in jedem Alter, Kaffee und Alkohol vorwiegend Erwachsene)
- **das Speiseangebot der lokalen Gastronomie** (dieses ist ortsspezifisch)
- **die sportliche Betätigung**

Sehen wir uns einige davon näher an:

Beruf, Stress & Schlafmangel – schlägt alles auf den Magen?

Ein Erwachsenenphänomen ist Stress. Im Job, in der Familie, in der Freizeit – bei Manager/Innen, Eltern, Arbeiter/Innen im Schichtbetrieb, Studierenden. Dieser Stress löst bei Menschen ein geändertes Essverhalten aus – manchen schmeckt nichts, andere stopfen alles in sich hinein. **Untersuchungen zeigten, dass sich Schlafmangel auf die Geruchsempfindung, und körperlicher oder mentaler Stress auf die Geschmackswahrnehmung auswirken.**

Unsere Geschmackswahrnehmung hat also nicht nur mit dem verzehrten Produkt zu tun, sondern ist auch von unserem persönlichen Zustand abhängig. Japanische Forscher versuchten herauszufinden, ob mentaler Stress (hervorgerufen durch eine unlösbare Aufgabe am Computer) die Wahrnehmung von süß, sauer oder bitter beeinflusst. Die Testpersonen wurden gebeten, am Bildschirm aus zehn Zeilen voller Buchstaben einzelne Buchstaben herauszusuchen. Die Zeilen änderten sich jedoch im Minutentakt und es war unmöglich, die Aufgabe in der vorgegebenen Zeit zu bewältigen. Dadurch sollte geistige Ermüdung und Stress erzeugt werden. Vor und nach der geistigen Anstrengung vor dem Bildschirm erhielten die Testpersonen Geschmackslösungen (süß, sauer und bitter) zur Verkostung. Der mentale Stress wirkte sich deutlich auf die Wahrnehmung aller drei Geschmacksrichtungen aus *(Nakagawa et al 1996)*.

Neben der unterschiedlichen Wahrnehmung ist auch die Auswahl, welche Produkte wir verzehren, bei Stress verändert. Eine amerikanische Forschergruppe untersuchte Männer, die durch unlösbare Rätselaufgaben mental gestresst waren, im Vergleich zu ungestressten Männern, die eine lösbare Aufgabe erhalten hatten. Allen wurden Erdnüsse und Weintrauben als gesunde Produkte, Chips und M&Ms als ungesunde Produkte angeboten. Die nicht gestressten Männer aßen deutlich mehr von den ungesunden Produkten *(Zellner et al 2007)* – im Gegensatz zu Frauen in einer früheren Untersuchung, die mehr M&Ms bei Stress und mehr Trauben in der Abwesenheit von Stress verzehrten.

Stress löst bei Menschen ein geändertes Essverhalten aus.

Der mentale Stress wirkte sich deutlich auf die Wahrnehmung aller drei Geschmacksrichtungen aus.

Die nicht gestressten Männer aßen deutlich mehr von den ungesunden Produkten.

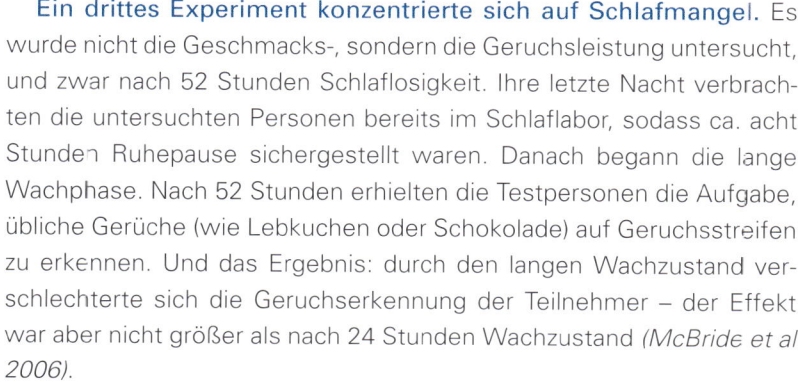

Durch den langen Wachzustand verschlechterte sich die Geruchserkennung – der Effekt war aber nicht größer als nach 24 Stunden Wachzustand.

Ein drittes Experiment konzentrierte sich auf Schlafmangel. Es wurde nicht die Geschmacks-, sondern die Geruchsleistung untersucht, und zwar nach 52 Stunden Schlaflosigkeit. Ihre letzte Nacht verbrachten die untersuchten Personen bereits im Schlaflabor, sodass ca. acht Stunden Ruhepause sichergestellt waren. Danach begann die lange Wachphase. Nach 52 Stunden erhielten die Testpersonen die Aufgabe, übliche Gerüche (wie Lebkuchen oder Schokolade) auf Geruchsstreifen zu erkennen. Und das Ergebnis: durch den langen Wachzustand verschlechterte sich die Geruchserkennung der Teilnehmer – der Effekt war aber nicht größer als nach 24 Stunden Wachzustand *(McBride et al 2006)*.

Und seien wir ehrlich: 24 Stunden ohne Schlaf kommt bei Stress schon mal vor. Hier kombinieren sich dann mentaler Stress (Arbeit, Lernen … eben der Grund, warum wir wach bleiben) und der körperliche Stress des Schlafentzuges. Ist es dann erstaunlich, wenn uns Lebensmittel plötzlich nicht mehr schmecken, wenn wir sie anders wahrnehmen?

Incroyable! – Interesse an raffinierten Geschmäckern

„Man wird Koch. Zum Bratkünstler ist man geboren."

Brillat-Savarin

Die Zungen von Berufsgourmets und Spitzenköchen sind mit überdurchschnittlich vielen Geschmackspapillen ausgestattet.

Dieses Zitat stammt aus dem Jahre 1864. Hält es wissenschaftlichen Untersuchungen stand? Wird man Spitzenkoch, weil man dazu geboren ist? In der Tat sind Zungen von Berufsgourmets und Spitzenköchen mit überdurchschnittlich vielen Geschmackspapillen ausgestattet. Diese hohe Zahl macht mitunter Appetit auf komplizierte Genüsse wie das Zusammenspielen von ätherischen Ölen in Gemüse *(O.V., Food & Sensorik 5/2003)*. Apropos: Gemüse-Genuss der besonderen Sorte wird längst von der Spitzengastronomie aufgegriffen. **Was aber sind komplizierte Genüsse?**

Komplizierte Genüsse sind schwer zu definieren. Eine Möglichkeit ist, die Komplexität darauf zu beziehen, ob ein Produkt primär einen Sinn anspricht (zum Beispiel nur Geschmack) oder mehrere Sinne gleichzeitig *(Russel und Delahunty 2004)*. Jürgen Dollase *(2005)* demonstriert in seinem Buch „Geschmacksschule", wie man ein Produkt sehr unterschiedlich zubereiten kann und dann entsprechend geänderte sensorische Erfahrungen macht. Als „Beispielteller für sensorisch aktive Kreationen" können Kartoffel beispielsweise als Püree, als Schaum, als frittierte Kartoffelchips, in Form von Pommes Frittes oder Kartoffelstroh (frittierte Kartoffelfäden), als Bratkartoffeln cder – etwas ungewöhnlicher – als Tee von gerösteten Kartoffeln, Kartcffelmousse oder Bouillonkartoffeln probiert werden. Die genannten Zubereitungen unterscheiden sich in ihrer Komplexität.

Eine zweite Möglichkeit ist es, die Anzahl der Aromastoffe in einem Produkt als Komplexitätskriterium heranzuziehen.

Warum Koch oder Köchinnen nicht automatisch übergewichtig sind, hat neben dem gesteigerten Appetit auf komplexe Genüsse auch den Grund, dass Gourmets ein geringeres Verlangen nach fetten und süßen Speisen haben – ein anspruchsvoller Gaumer kann somit vor Übergewicht schützen! *(O.V., Food & Sensorik 5/2003)*.

Rund & g'sund – Interesse an Ernährung und Gesundheit

Nicht jeder an Ernährung interessierte Mensch ist Vegetarier, und auch nicht jeder Vegetarier ist ein an Ernährung interessierter Mensch. Vegetarier haben unterschiedliche Motive: Unter US-amerikanischen, vegetarisch lebenden Medizinstudenten gaben (Mehrfachnennungen) zwei Drittel an, aus Gesundheitsgründen auf Fleisch zu verzichten, knapp die Hälfte aus Tierschutzgründen, ein Drittel aus Umweltgedanken, ein weiteres Drittel aus Geschmacksgründen, 28 Prozent aus religiösem Anlass und jeder Siebente zur Gewichtskontrolle *(Spencer et al 2007)*.

Spannend ist, dass der Konsum von rotem Fleisch den Körpergeruch von Personen verändert – er wird als weniger angenehm, weniger attraktiv und als intensiver empfunden *(Havlicek und Lenochova 2006)*.

Ich möchte ein Kochbär sein – Interesse am Kochen

Kochen ist in, Kochbücher sind es ebenso. Gekocht wird gesund und ungesund, leicht und schwer, traditionell und modern, regional und international. Der 2. Lebensmittelbericht Österreich, erschienen 2003, bescheinigte, dass 72 Prozent der ÖsterreicherInnen zumindest gelegentlich selbst kochen, wobei deutliche Unterschiede zwischen den Geschlechtern zu finden sind. Die Mehrheit betrachtet das Kochen als eine Routineangelegenheit, die jedoch nicht unangenehm ist. Vor allem für Frauen ist Kochen mehr Routinesache als Kreativität, bei Männern ist die Kreativität vorrangig. Bei den „Herren der Kochschürze" hat sich die Wahrnehmung, dass Kochen eine kreative Tätigkeit, Freude und Selbstverwirklichung ist, sogar leicht verstärkt *(Lebensministerium 2003)*.

Kochen ist in, Kochbücher sind es ebenso.

Wie Geschmack ohne Lebensmittel schmeckt – Fasten und Diäten

Anlässe wie Weihnachten oder Neujahr, die stark kulinarisch beeinflusst sind, werden oft von Fasten und Diäten, zumindest aber entsprechenden Neujahrsvorsätzen abgelöst. Fasten ist etwas sehr Individuelles: Manche fasten aus religiösen Motiven, andere sehen den medizinischen Aspekt beim „Heilfasten", wieder andere machen (aus ernährungswissenschaftlicher Sicht völlig ungeeignete) Nulldiäten in der Hoffnung, endlich schlank zu werden, und auch politische Motive sind zuweilen Gründe dafür, das Essen zu streichen.

Haben Sie schon einmal eine Fastenkur gemacht? Und ist Ihnen dabei etwas aufgefallen? Viele Menschen berichten von einem unangenehm veränderten Mundgeruch. Er riecht nach Aceton. Gewissermaßen ein Fastenparadoxon: Manch Fastender hat einen unangenehmen Mundgeruch, selber nimmt er Gerüche und Geschmäcker aber intensiver wahr.

Mundgeruch basiert übrigens auf dem Zusammenwirken mehrerer Substanzen. Bei wissenschaftlichen Studien über Mundgeruch muss jedoch nicht am Mund von Probanden gerochen werden, sondern es können die in Mundgeruch typisch vorkommenden Substanzen einzeln in Fläschchen gefüllt und daran gerochen werden. In einer Modellstudie bewerteten Sensorikexperten aus Großbritannien, USA, Israel und Jordanien verschiedene einzelne Mundgeruchskomponenten auf diese Weise. Nach Ansicht der 7 Prüfer war keine Substanz alleine für Mundgeruch verantwortlich *(IME 2004)*.

<aside>
Beim Fasten berichten viele Menschen von einem unangenehm veränderten Mundgeruch.
</aside>

I can get satisfaction – Der Konsum von Genussmitteln

Essen als Droge? Unbestritten ist, dass Lebensmittel Stimmungen und Gefühle erzeugen.

Psychofood 1 – Schokolade

Schokolade ist etwas für Genießer. Und, so Dr. Gesa Schönberger und Andrej Hänel von der „Dr. Rainer Wild Stiftung", Genießer werden als sympathische Mitmenschen geschätzt. „Der Genießer ist optimistisch, lebensfroh, lustig, kontaktfreudig und gemütlich. Er gibt sich selbstbewusst und selbstsicher, ist großzügig, hilfsbereit und ausgeglichen. (...) Genießer gelten als attraktive und interessante Persönlichkeiten, mit denen man befreundet sein will."

Beim Konsum von Schokolade geht es um uns selbst. Belohnung, Trost oder Genuss zwischendurch: Herr und Frau Österreicher essen im Durchschnitt 9,4 Kilogramm Schokolade pro Kopf und Jahr *(Wikipedia 2007)*, unsere deutschen Nachbarn liegen mit 11,1 Kilogramm noch deutlich vor uns und damit nur knapp hinter den Eidgenossen: Schweizer und Schweizerin verbrauchen stolze 11,9 Kilogramm Schokolade pro Person im Jahr *(Wikipedia 2007)*.

Ist das Leben in der Schweiz denn nicht fröhlich? – denn dass Schokolade ein erfolgreiches Mittel gegen Frust ist, zeigten mehrere Experimente. Etwa jene Untersuchung, in denen Studenten einem „Sympathietest" unterzogen wurden. Danach erzählte man ihnen, dass entweder niemand aus der Gruppe an ihnen interessiert sei oder aber, dass die anderen Teilnehmer gerne mit ihnen zusammenarbeiten würden. Anschließend wurden die Studierenden gebeten, Schokoladenkekse zu testen und dafür so viele Kekse wie nötig zu essen. Diejenigen, denen man zuvor Ablehnung mitgeteilt hatte, aßen fast doppelt so viele Kekse wie ihre Kollegen, denen man mitgeteilt hatte, dass sie als sympathisch eingestuft wurden *(Horsch und Speck 2007)*.

Schokolade ist etwas für Genießer. Genießer werden als sympathische Mitmenschen geschätzt.

Schokolade ist ein erfolgreiches Mittel gegen Frust.

MONTAG, DIENSTAG, MITTWOCH, DON-NERSTAG, FREITAG, SAMSTAG, SONNTAG – JEDEN TAG:

12 KG SCHOKOLADE LASSEN SICH HERR UND FRAU SCHWEIZER JÄHRLICH AUF DER ZUNGE ZERGEHEN.

Ein Stück Schoko-
lade verbessert
die schlechte Stim-
mung unmittelbar.

In einem anderen Experiment wurde untersucht, ob der Konsum von Schokolade einen Einfluss auf die negative, neutrale oder positive Stimmung von Menschen hat, wobei die Stimmung durch einen Filmausschnitt erzeugt wurde. Ein kleines Stück Schokolade verbesserte die schlechte Stimmung unmittelbar *(Macht und Müller 2007)*.

Warum macht uns Schokolade glücklich? Oder zumindest weniger schlecht gelaunt (und damit unsere Mitmenschen glücklich)? Sind es die Inhaltsstoffe des Kakaos (sehr geringe Mengen der Wirkstoffe Anandamid, Phenylethylamin, Theobromin, Serotonin), ist es der Zucker, das Fett, oder ist das sensorische Erlebnis – sprich: der Geschmack oder das zarte Schmelzen, dafür verantwortlich? Um das herauszufinden, erhielten freiwillige Schokoladeaficionados 14 Tage lang kleine Schachteln, gefüllt entweder mit einer Kakaokapsel mit allen Inhaltsstoffen des Kakaos, einer Placebokapsel ohne Inhaltsstoffen, Milchschokolade, weißer Schokolade (die das sensorische Bedürfnis stillt, aber gewisse Bestandteile der Kakaobohne nicht enthält), weißer Schokolade plus zusätzlich Kapseln mit den Inhaltsstoffen oder eine leere Schachtel. Die Personen wurden gebeten, bei Schokoladelust eine Schachtel zu öffnen, den Inhalt zu verzehren und nach 10 Minuten jeweils festzuhalten, wie groß die Lust auf Schokolade ist. **Das Ergebnis fiel eindeutig aus:** Durch den Konsum von Milchschokolade reduzierte sich die Gier auf Schokolade, weiße Schokolade hatte den zweitstärksten Effekt.

Ob zusätzlich eine Tablette mit Inhaltsstoffen gegessen wurde oder nicht, hatte keinen Einfluss. Kakaokapseln und Placebokapseln wirkten beide nicht. Diese Studie zeigte somit, dass der sensorische Effekt der Schokolade verantwortlich für unsere Gier danach ist – nicht etwaige

Inhaltsstoffe (*Michener und Rozin*, zitiert nach *Westenhöfer*). Was aus der Studie nicht hervorgeht, ist, ob der Konsum einer vergleichbaren Zuckermenge den gleichen Effekt hätte wie Schokolade. Auch wurde nicht berücksichtigt, dass Menschen auf das Aussehen von Schokolade bereits konditioniert sein könnten – und d e Form vom Tafel, Riegel oder Praline anstelle einer Pille nötig ist, um das Glücksgefühl zu erzeugen.

Im Winter essen die meisten mehr Schokolade. Nicht nur wegen Weihnachten und Nikolaus und auch nicht nur deshalb, weil Schokolade im Sommer schmilzt. In der kalten Jahreszeit ist es bekanntlich nicht nur frostig, sondern auch dunkel. Dadurch wird vom Gehirn mehr des Hormons Melatonin ausgeschüttet – womit die Lust auf Schokolade steigt. Denn Melatonin ist verantwortlich für die Regulation des Appetits auf Zucker.

Im Winter essen die meisten mehr Schokolade.

Kurzer biochemischer Exkurs für alle Naturwissenschaftler und solche, die es noch werden wollen

Manche Nahrungsbestandteile spielen beim Gehirnstoffwechsel eine Rolle. Zu diesen zählt beispielsweise die Aminosäure Tryptophan. Tryptophan ist ein Eiweißbaustein, den der Körper nicht selbst herstellen kann, daher muss diese Aminosäure mit der Nahrung zugeführt werden. Pflanzliche Lebensmittel enthalten weniger Tryptophan als tierische Produkte.

Aus Nahrungs-Tryptophan kann der Körper neben Eiweiß auch das Vitamin Niacin oder den Nervenbotenstoff Serotonin herstellen. Serotonin kommt in Lebensmitteln zwar auch vor, aber erstens meist nur in sehr geringen Mengen und zweitens ohne Wirkung. Denn Serotonin aus der Nahrung gelangt nicht ins Gehirn und kann somit keinen Effekt ausüben. Die Aminosäure Tryptophan kann hingegen die Blut-Hirn-Schranke durchdringen und dort in Serotonin umgewandelt werden. Im Gehirn wird aus Serotonin Melatonin gebildet, ein Hormon, das unseren Schlaf-Rhythmus steuert. Was hat das Ganze mit Schokolade zu tun? Ganz einfach: Schoko ade besteht vor allem aus Zucker und Fett. Der Verzehr von Zucker bewirkt die Ausschüttung von Insulin. Insulin bewirkt, dass Zucker und Aminosäuren aus dem Blut in die Gewebe befördert werden – mit Ausnahme von Tryptophan, da diese Aminosäure meist an Serumalbumin gebunden vorliegt. Da nun andere Aminosäuren nicht mehr mit Tryptophan um

Und Serotonin hat viele Wirkungen: Es kann beruhigen, das emotionale Verhalten beeinflussen und das Gedächtnis anregen.

die Aufnahme ins Gehirn konkurrieren, gelangt mehr Tryptophan ins Gehirn und wird dort zu Serotonin umgewandelt. Fette, die ja ebenso reichlich in der Schokolade vorhanden sind, verdrängen Tryptophan aus seiner Bindung an Serumalbumin und erleichtern damit den Übertritt ins Gehirn.

Schokoladekonsum fördert also die Aufnahme von Tryptophan ins Gehirn und ermöglicht dort die Bildung von Serotonin. Und Serotonin hat viele Wirkungen: Es kann beruhigen, das emotionale Verhalten beeinflussen und das Gedächtnis anregen – je nachdem, an welchen Rezeptor es anbindet *(Steinhart 1999)*.

Frauen mögen dunkle Schokolade lieber als Männer. Milchschokolade ist primär bei jungen Menschen beliebt.

Unterschiedliche Vorlieben sind bei Schokoladegenießern sehr wohl vorhanden. Die einen schwören auf 99 Prozent Kakaoanteil, die anderen mögen's eher milchig oder mit diversen Zusätzen versetzt. Bei einer Schweizer Verkostung (1300 Personen) stellte sich heraus, dass Frauen dunkle Schokolade lieber mögen als Männer und dass Milchschokolade primär bei jungen Menschen beliebt ist *(foodaktuell.ch 2007)*.

Heißhunger tritt vorwiegend am späten Nachmittag oder Abend auf.

„Craving" nennt man den regelrechten Heißhunger auf Schokolade und andere Süßigkeiten. Er tritt bei Frauen häufiger auf als bei Männern, sinkt bei Ersteren jedoch mit zunehmendem Alter ab. Heißhunger tritt vorwiegend am späten Nachmittag oder Abend auf *(Pelchat 1997)*.

Bei Frauen, die eine Diät machen, genügt schon der Anblick von verführerischen Schokoladebildern, um Craving auszulösen *(Fletcher et al 2007)*! Auch untertags im Büro ist der Schokoladenkonsum davon abhängig, ob man die Schokolade sieht oder nicht und ob sie in Reichweite steht. Brian Wansink (Cornell University) ließ Schokoküsse in die Büros von 40 Sekretärinnen legen und beobachtete, dass die Damen im Schnitt drei Stück am Tag aßen, wenn die Schokolade in einem undurchsichtigen Gefäß zwei Meter vom Schreibtisch entfernt war, und acht Stück, wenn die Schokoladenküsse in einem durchsichtigen Behälter am Schreibtisch standen *(Paulus 2007)*. Als kleine Anregung zur Selbstüberlistung für alle, die dem Schokoladenheißhunger erliegen!

In den letzten Jahren waren Produktneuheiten im Schokoladensektor stark saisonal geprägt (Weihnachts- oder Osterfiguren und -pralinen, Adventkalender, Winter- und Sommerschokoladen). Weiters wurden spezielle Kinderprodukte (Schokolade mit Knistereffekt im Mund, Schokolade-Schlecker) oder Schokolade in praktischen oder originellen Verpackungen (von der wieder verschließbaren Verpackung bis zur Weißblech-Milchkanne) oder etwa Ziegenmilchschokolade made in Austria entwickelt *(Produkt 2006 und 2007)*.

Dass der Fantasie (beinahe) keine Grenzen gesteckt sind, ist auch am Beispiel diverser Hand geschöpfter Schokoladetafeln zu sehen. Schokolade mit Zutaten wie Grammeln, Käse, Süßkartoffeln oder Shiitakepilzen (www.zotter.at) sind ebenso erhältlich wie Milchschokolade mit Meersalz (www.xocolat.at) oder japanische Matchawürfel: cremige weiße Schokolade, in Matchatee gewälzt. Die moosgrünen Würfel sind ein süß-bitteres Geschmackserlebnis (http://gruener-tee-shop.com). Spezialitäten gibt es auch mit traditionellen österreichischen Zutaten wie Mohn-Marille (http://www.hagmann.co.at/Deutsch/Schokolade/mohn-schokolade.htm).

Wem die ungewöhnlichen Geschmacksrichtungen nicht zusagen, der hat zumindest das Gefühl, für vergleichsweise wenig Geld etwas Neues ausprobiert zu haben *(Kirig und Rützler 2007)*.

Psychofood 2 – Kaffee

Die beste Methode, das Leben angenehm zu verbringen, ist,
guten Kaffee zu trinken. Und wenn man keinen haben kann,
so soll man versuchen, so heiter und gelassen zu sein, als hätte
man guten Kaffee getrunken.

Jonathan Swift

Dass Genussmittel nicht nur beleben, sondern auch Stimmungen erzeugen, ist auch am Beispiel Kaffee offensichtlich. Kaffeetrinker haben individuelle, unterschiedliche Gründe, warum sie Kaffee trinken: die „genussorientierten Traditionellen" trinken Kaffee aus purem Genuss. Sie sind sozial orientiert, pflichtbewusst, kulturell interessiert, markentreu und streben nach einem harmonischen Lebensstil. Die „probierfreudigen Hedonisten" trinken Kaffee, weil sie erlebnis- und lustorientiert sind. Der Preis ist wichtiger als die Marke, der Lebensstil dieser Gruppe ist eher extrovertiert. Eine dritte Gruppe Kaffeetrinker sind die „wirkungsorientierten Traditionelle". Wie der Name sagt, trinken sie Kaffee wegen seiner belebenden Wirkung *(o.V. 2005)*.

Kaffee & Gesundheit

Kaffee ist besser als sein Ruf! Wussten Sie, dass Kaffeekonsum neben der bekannten Leistungssteigerung das Risiko für Parkinsonerkrankung senkt und Schutz vor Leberzirrhose bietet? Bei 3 oder mehr Tassen/Tag sinkt das Risiko um 40 Prozent. Zudem hat Kaffee bei Frauen eine vorbeugende Wirkung gegen Gallensteine. Im Tierversuch schützt Kaffee vor Leber- und Darmkrebs, und auch bei menschlichen Darmzellen schützt Kaffee vor Krebs. Last, but not least: **Genießen fördert die Gesundheit!** Negative Wirkungen gibt's natürlich auch: Empfindliche Personen können auf Kaffeekonsum mit Sodbrennen reagieren, und sehr selten gibt es Überempfindlichkeitsreaktionen auf Inhaltsstoffe des Kaffees. Exzessiver Kaffeekonsum in der Schwangerschaft hat negative Wirkungen, ebenso stört Kaffee bei Kindern nachweislich den Schlaf. Letztlich ist Acrylamid in Kaffee enthalten *(Derndorfer 2006)*, eine Substanz, die vor allem in gebackenen und frittierten Kartoffelprodukten und Brot, aber eben auch in Kaffee und Kakao vorkommt und im Tierversuch Krebs auslöst **(AK 2004)**.

Insgesamt ist der Konsum von 3 bis 4 Tassen Kaffee pro Tag für Erwachsene als gesundheitlich unbedenklich einzustufen (Ausnahme Schwangerschaft). Mehr sollte es aber nicht sein.

NIX FÜR KINDLICHE SCHLAFMÜTZEN,
ABER VORBEUGEND GUT GEGEN
PARKINSON UND DARMKREBS:
3 TASSEN KAFFEE TÄGLICH.

Psychofood 3 & 4 – Alkohol und Zigaretten

Hier ist die Dosis entscheidend. Ein Glas Wein oder Bier schadet den Sinnen nicht!

Missbrauch von Alkohol und Zigaretten verschlechtern jedoch den Geruchssinn *(O.V., Food & Sensorik 4/2003; Frye et al 1990)*. Die Verschlechterung durch Rauchen kann wieder rückgängig gemacht werden, wenn eine Person mit dem Rauchen aufhört. Allerdings dauert es lange, bis die Geruchsleistung wieder optimal funktioniert.

Alkoholiker zeigen zudem ein anderes Geschmacksempfinden. Ungesüßtes Wasser wird von Alkoholikern als süßer empfunden als von Nicht-Alkoholikern, Zuckerwasser stufen sie jedoch nicht anders ein. Hatten Alkoholiker bereits einen Alkoholiker als Vater, empfanden sie sehr süße Zuckerlösungen als wohlschmeckender im Vergleich zu Alkoholikern ohne entsprechende Familiengeschichte *(Wronski et al 2007)*.

Söhne von Alkoholikern, die selbst gesund, Nichtraucher und Nichtalkoholiker sind, wurden ebenso einer Untersuchung unterzogen: Sie bekamen süße, saure, salzige und bittere Lösungen (jede Geschmacksrichtung in stärkeren und schwächeren Konzentrationen) auf die Zunge getropft und mussten die empfundene Geschmacksintensität bewerten auch angeben, wie angenehm sie den jeweiligen Geschmack empfanden. Im Vergleich dazu wurden eine Gruppe Männer ohne familiäre Alkohol-Vorbelastung (= Kontrollgruppe) herangezogen, die die gleichen Aufgaben erhielt. Die Söhne von Alkoholikern fanden dabei die salzigste Lösung als unangenehmer als die Kontrollgruppe. Die Intensität einer schwach sauren Lösung fanden die Söhne stärker als die Kontrollgruppe, bei stärker sauren Lösungen wurde dies nicht bestätigt. Bei süß und bitter bestand kein Unterschied *(Scinska 2001)*.

Die Beeinträchtigung durch Rauchen kann wieder rückgängig gemacht werden.

ES WIRD EIN WEIN SEIN, UND WIR WERDEN ...
IHN NICHT MEHR SCHMECKEN:
DER MISSBRAUCH VON ALKOHOL
BEEINTRÄCHTIGT DEN GERUCHSSINN UND
DAMIT DAS GESCHMACKSERLEBNIS.

Hechel, hechel – Wie Sport schmeckt

Getränke mit Geschmack verführen zu höherer Flüssigkeitsaufnahme.

Was Sportlern schmeckt, hängt wohl von vielen Parametern ab: von der Anstrengung und dem Trainingszustand, von Umweltfaktoren wie Hitze und Luftfeuchtigkeit, vom eigenen Speichelfluss und Schwitzverhalten und vom Nahrungsmittel oder Getränk selbst. Es ist belegt, dass Getränke mit Geschmacksrichtung zu höherer Flüssigkeitsaufnahme führen als Wasser. Sportler nehmen mehr von einem Getränk auf, das ihnen mundet.

Japanische Forscher versuchten herauszufinden, ob Training am Ergometer die Wahrnehmung von Geschmäckern beeinflusst. Dazu mussten Testpersonen 10 Minuten lang am Ergometer sitzen und eine Leistung von 100 Watt erbringen. Diese Anstrengung war zwar kurz, genügte aber, um die Probanden leicht zum Schwitzen zu bringen. Vor und nach dem Sport erhielten die Testpersonen 10 ml Geschmackslösung, die sie in den Mund nahmen, 10 Sekunden im Mund behielten und dann ausspuckten, die empfundene Intensität aber 2 Minuten lang an einer Skala bewerteten (die ersten 10 Sekunden den Geschmack, die restlichen 110 Sekunden den Nachgeschmack). Süße, saure und bittere Geschmackslösungen wurden getestet. Die körperliche Anstrengung hatte in dieser Untersuchung nur einen Einfluss auf die Sauer-Wahrnehmung: nach dem Ergometer wurde sauer geringer empfunden *(Nakagawa et al 1996)*.

Geschmacksrichtungen so genannter Sportlerprodukte (Getränke, Pulver, Riegel und Energiekonzentrate) sind vielfältig: von diversen Früchten – einzeln oder Mehrfrucht – über Vanille und Schoko, Kokos und Haselnuss. Individuellen Vorlieben wird seitens der Industrie Rechnung getragen.

Der Erfolg von Sushi & Co

Algen und roher Fisch sind nicht gerade das, womit man als ca. 45-jähriger Österreicher aufgewachsen ist. Und trotzdem: Sushi, Maki und Sashimi sind nicht nur bei auserwählten Feinschmeckern oder Personen, die nach außergewöhnlichen Erfahrungen suchen, beliebt. Im Gegenteil – Sushi & Co haben viele Freunde ... aus mehreren Gründen:

- **dem Asientrend,** der von Feng-Shui bis zur Traditionellen Chinesischen Medizin reicht und auch den Lebensmittelsektor umfasst *(Kirig und Rützler 2007).*

- **dem Spaßfaktor:** beim Verzehr von Fingerfood, bei der Darreichungsform in Running-Sushi-Lokalen, aber auch bei der Zubereitung (nicht umsonst werden mittlerweile häufig Sushi-Kochkurse angeboten)
- **dem Gesundheitsfaktor,** denn Fisch, Reis und Gemüse haben einen guten Ruf, und Japan ist für seine leichte und gesunde Küche generell bekannt
- **dem Exklusivfaktor** in der gehobenen asiatischen Küche
- **dem Geschmacksfaktor:** eigenen Umfragen im Freundeskreis zufolge sind Sushi sensorisch deshalb beliebt, weil sie „vorhersehbar" sind (Zitat: „so vorhersehbar wie ein Burger"): das Mundgefühl ist weich und geschmeidig, nicht hart. Zudem ist der Geschmack von rohem Lachs nicht allzu weit entfernt von Räucherlachs. Somit liegt etwas „Bekanntes" drauf.

Wie weit Sushi und Maki hierzulande dem japanischen Original entsprechen, ist eine andere Frage. Koreaner behaupten, dass Sushi eigentlich ihre Erfindung sind *(Löffler 2007)*. Und für alle, denen der Geschmack heimischer Produkte lieber ist, das Konzept der kleinen Happen aber zusagt, gibt es alternative Österreich-Sushi: im August 2007 wurde im Rahmen der Veranstaltung „Waldviertel pur" in Wien Waldviertler Sushi, bei denen Fische in Huflattichblätter gewickelt wurden, angeboten (www.diepresse.com), und in der Genussregion Weißensee wurden beim ersten „Weißensee Kulinarium" im Sommer 2007 Weißensee Sushi mit kalt geräucherten Reinanken oder gebeizten Lachsforellen, mit Kürbiskernöl statt Sojasauce, auf Erdäpfelpüree serviert (www.gast.at).

Sushi & Co schmeckt vielen, aber nicht allen. Gründe wie Neophobie, also der Scheu vor neuen Produkten, ein (noch) nicht statt gefundener **Mere Exposure Effect** wenn man beim ersten oder zweiten Mal Ausprobieren nicht davon begeistert war, gesundheitliche Bedenken rohem Fisch gegenüber – dies alles können dafür die Ursache sein.

Skurrile Lebensmittel

Was skurril ist und was nicht, liegt eindeutig in den Augen des Betrachters und ist von Region, Religion und Kulturkreis geprägt. Während in Mitteleuropa niemand auf die Idee käme, Katzen oder Hunde zu verzehren – sind sie doch des Menschen beste Freunde –, ist dies in Südchina kein Tabu. Für den japanischen Kugelfisch Fugu ist die Bezeichnung skurril insofern eine Verharmlosung, als sein Verzehr jährlich einige Tote fordert (durch nicht sorgfältig ausgenommenen Fisch).

Bei uns sind Innereien nicht ungewöhnlich, erhalten aber klingende Namen wie Kutteln. Das klingt ja auch besser als Magen! Insekten essen wir hierzulande nicht, sie spielen in der Geschichte der Ernährung in Afrika, Australien, Asien und Lateinamerika jedoch eine Rolle. Jerry Hopkins *(1999)* fasst in einem umfangreichen Buch zum Thema „Strange Food" ungewöhnliche Nahrungsmittel aus aller Welt zusammen: von Schlangen und Fischeiern bis zu Fledermäusen und Menschenfleisch, Heuschrecken, Giftpflanzen, Blut, lebendige und verdorbene Nahrung.

Oft sind die so genannten skurrilen Produkte Hirn oder Innereien. Ihnen werden übersinnliche Kräfte unterstellt.

Oft sind die so genannten skurrilen Produkte Hirn oder Innereien. Ihnen werden übersinnliche Kräfte unterstellt: „… weil wir glauben, wenn wir das Geschlechtsorgan eines Tieres verzehren – und bisweilen eines Mitmenschen, wie es die Kannibalen tun –, erlangen wir seine Kraft" *(Allende 1999)*. Den Hoden eines Löwen wird nachgesagt, dessen Mut und Stärke, aber auch sexuelle Leistungsfähigkeit zu übertragen. Sie sind daher in Nordafrika geschätzt *(Allende 1999)*.

Als Aphrodisiakum werden manche Lebensmittel oder Gerichte angepriesen: Allende *(1999)* beschreibt in ihrem Buch „Aphrodite" viele Rezepte, etwa Mousse von Krebs und Avocado, Roquefortbirnen, Garnelen auf Safrannudeln, Coq au Vin, Tagliatelle mit Artischocke oder Milchreis.

„Ich kann die Erotik nicht vom Essen trennen, und ich sehe auch keinen Grund, weshalb ich es tun sollte, im Gegenteil."

Allende 1999

Kann man BIO schmecken? – Nachhaltigkeit beim Essen

Bio vom Feld

Vieles vergeht – Bio besteht! Und nicht nur das, der Konsum von Bioprodukten stieg in den letzten Jahren sogar deutlich an. 2007 gaben 85 Prozent der Österreicher an, zumindest gelegentlich Bioprodukte zu kaufen, und 9 Prozent greifen fast ausschließlich zu Lebensmitteln aus biologischer Landwirtschaft. Am meisten gefragt ist Babynahrung. Gesundheit ist das Hauptkriterium für den Kauf von Bioprodukten, aber auch Tierfreundlichkeit von Biolebensmitteln ist den Österreichern ein überdurchschnittlich größeres Anliegen im weltweiten Vergleich *(AC-Nielsen 2007)*. Auch in Deutschland boomt Öko, laut GfK haben im Jahr 2006 90 Prozent aller Haushalte zumindest ein Bioprodukt gekauft *(Kirig und Rützler 2007)*. Mehr als die Hälfte der deutschen Ökobetriebe befinden sich in Süddeutschland (LPVnet.de 12.1.06).

Immerhin 15 Prozent nannten 2005 ganz spontan, dass der bessere Geschmack Ausschlag zum Kauf von Bioprodukten gibt.

Vermutlich kennen Sie in Ihrem Verwandten- oder Freundeskreis aber auch jemanden, der Bioprodukte kauft, weil diese einfach besser schmecken. Immerhin 15 Prozent nannten 2005 ganz spontan, dass der bessere Geschmack Ausschlag zum Kauf von Bioprodukten gibt (Rollama Motivanalyse 2005, Marketing 2006).

Aber kann man Bio tatsächlich erschmecken?

Ob Biolebensmittel mit den menschlichen Sinnen als solche erkennbar sind, war schon Thema einiger Studien. Und auch die Autoren des Buches „50 größten Bio-Lügen" widmen dieser Frage ein aus kritischer Perspektive verfasstes Kapitel *(Groll, Loitzl, 2007)*. Die Interpretation der Studien birgt jedoch Schwierigkeiten: Um Unterschiede in Geruch, Geschmack, Textur oder Aussehen festzustellen, die tatsächlich darauf zurückzuführen sind, ob Lebensmittel bio oder konventionell hergestellt wurden, müssen Sortenunterschiede, Bodenunterschiede und der Reifegrad von pflanzlichen Lebensmitteln berücksichtigt werden. Manche Karotten- oder Apfelsorte ist gut für die Bioproduktion geeignet, andere eignen sich weniger gut! Auch Schwankungen von Jahr zu Jahr wirken sich aus: Sonne, Niederschläge, Temperaturen sind nicht immer gleich. Werden Biokarotten und konventionelle Karotten von verschiedenen Feldern im Jahr 2007 verglichen und finden sich dabei Unterschiede, so kann man noch nicht davon ausgehen, dass diese auch in den Jahren

Manche Karotten- oder Apfelsorte ist gut für die Bioproduktion geeignet, andere Sorten nicht.

KONVENTIONELLER APFEL MIT BIOLABEL –
BIOAPFEL MIT KONVENTIONELLEM LABEL:
SCHMECKEN WIR DIE FRUCHT ODER
DIE KENNZEICHNUNG?

2008 und 2009 vorhanden sind. Dafür müssen Untersuchungen über mehrere Jahre laufen.

In Schweden wurde zwei Jahre lang untersucht, ob sich Biokarotten und konventionelle Karotten unterscheiden. Es wurden verschiedene Sorten, unterschiedliche Anbauorte und Böden ausgewählt. Die geschälten Karotten wurden in Härte und Knusprigkeit bewertet, und geriebene Karotten wurden verkostet, um zu bewerten, wie saftig, süß, bitter, wie karottig und wie intensiv der Nachgeschmack ist. Es zeigte sich, dass das Jahr, die Anbaumethode und die Sorte einen Einfluss haben. Sowohl bei Bio- als auch bei konventionellen Karotten waren manche Sorten saftiger und andere weniger saftig, manche mehr und manche weniger knusprig. Über beide Jahre hinweg schmeckten konventionelle Karotten stärker nach Karotte, Biokarotten etwas bitterer *(Haglund et al 1999)*. Diese Geschmacksunterschiede sagen übrigens nichts darüber aus, welche Karotten besser schmecken.

Haben wir Sorten, Boden und Reifegrad berücksichtigt, gehen wir einen Schritt weiter: Stellen Sie sich vor, ich gebe Ihnen zwei Äpfel – einen Bioapfel und einen Apfel aus konventioneller Landwirtschaft – zum Kosten, und ich frage Sie, welcher Ihnen besser schmeckt. Teile ich Ihnen dabei von vornherein mit, welcher der Bioapfel ist, beeinflusse ich Sie bereits. Wenn Sie Bioprodukten gegenüber positiv eingestellt sind, erwarten Sie nun vielleicht, dass der Bioapfel auch besser schmeckt. Sind Sie prinzipiell gegen Bio, suchen Sie hier die Bestätigung, dass der Bioapfel nicht gut schmeckt.

Dass Informationen über Bio die Geschmacksempfindung beeinflussen kann, wurde am Beispiel Ananas sehr deutlich gezeigt: In Holland und in England erhielten Personen Ananasproben mit unterschiedlicher „Information" über Bio und/oder Fair trade (die gleiche Ananas wurde mal als Bio, mal als Fair trade, mal gar nicht gekennzeichnet). Die Personen wurden gebeten, eine Auswahl Ananasstücke zu kosten und die gelbe und einheitliche Farbe zu bewerten, weiters wie sauer, süß oder nach Ananas sie schmeckten, wie fest, saftig und wie leicht zu schlucken die Ananas waren und wie gerne sie die jeweilige Ananas mochten. Die als Bio bezeichnete Ananas wurde in England als weniger sauer empfunden als Ananas ohne Kennzeichnung. Eine Fair-trade-Kennzeichnung

Wenn Sie Bioprodukten gegenüber positiv eingestellt sind, erwarten Sie, dass der Bioapfel auch besser schmeckt.

veranlasste Konsumenten in England dazu, die Ananas anders in der gelben Farbe zu bewerten *(Poelman et al 2004)*. **Biokennzeichnung kann somit unser sensorisches Empfinden beeinflussen!**

Eine andere Untersuchung wurde anhand von Wein durchgeführt. An den Fachhochschulstudiengängen Burgenland wurde untersucht, ob Konsumenten Weine bei Verkostung anders beurteilen, je nachdem, ob auf der Flasche ein Biolabel angebracht wird oder ein „normales". Die Ergebnisse waren eindeutig: Bei Wein hatte das Biologo keinen Einfluss auf die empfundene Geruchsintensität, süßen oder sauren Geschmack, die Weine wurden mit und ohne Biologo als gleich gut empfunden *(Ebster und Derndorfer 2007)*. **Wein als Genussmittel mit ohnehin naturnahem Image scheint hier anderen Kriterien zu unterliegen.**

Bio aus der Fabrik

In Deutschland wurden 2002/03, mit dem Ziel, einen Öko-Geschmackssiegel zu entwickeln, unterschiedliche Produkte aus biologischer Landwirtschaft und konventioneller Produktion gegenübergestellt: Ketchup, Nuss-Nougat-Creme, Sonnenblumenöl, Erdbeerjoghurt, Würstel, Margarine und Vollkorntoast – wobei jeweils mehrere Biovertreter (Produkte aus dem Naturkosthandel und dem klassischen Lebensmitteleinzelhandel) sowie mehrere konventionelle Vertreter (Marktführer, Handelsmarken, Diskonterprodukte) untersucht wurden. Sensorische Unterschiede konnten bei allen Produktgruppen festgehalten werden *(Bremerhavener Institut 2002-3)*. Allerdings handelt es sich hier bereits um verarbeitete Produkte, bei denen andere Zutaten und Prozesse auch einen Einfluss auf die Produktqualität haben.

Beim Aroma konnte aufgrund dieser Studie nicht festgestellt werden, dass Bioweizenvollkornbrote generell intensiver schmeckten.

Eine systematische Untersuchung wurde in Schweden gemacht. Wissenschaftler untersuchten Vollkornbrot aus bio und konventionell angebautem Winterweizen, nach gleicher Rezeptur hergestellt, wobei die Teige jeweils einmal mehr und einmal weniger stark geknetet wurden. Sensorisch geschulte Tester beurteilten die Elastizität der Brote, die Farbe, den säuerlichen Geruch und Geschmack, die Süße, Trockenheit und das Aroma. Es zeigte sich, dass die Farbe der Biobrote dunkler war. Im säuerlichen Geruch und Geschmack unterschieden sich die Brote nicht. Beim Aroma konnte aufgrund dieser Studie ebenso nicht festgestellt werden, dass Bioweizenvollkornbrote generell intensiver schmeckten – die einzelnen Biobrote unterschieden sich voneinander *(Haglund et al 1998)*. Und ob eine hellere oder dunklere Brotfarbe für den Käufer wichtig ist, ist eine andere Frage, die man dem Konsumenten selbst stellen müsste.

In einer deutlich umfangreicheren Untersuchung schwedischer und norwegischer Wissenschaftler wurde ebenso Vollkornbrot aus Winterweizen von biologischen und konventionellen Anbauten untersucht. Dabei wurden unterschiedliche Mühlen, ein unterschiedlicher Mehlgehalt in der Rezeptur des Teiges und unterschiedliche Knetintensitäten verglichen. Trainierte Testpersonen beurteilten die Brote hier in vielen Qualitäten, wie zum Beispiel der Farbton, die Farbintensität, Weizenaroma und Heuaroma, süß, salzig, nussiger Geschmack, kompakte Textur und so weiter. Ergebnis: Mit welcher Mühle das Getreide gemahlen war, hatte einen größeren Einfluss auf die sensorische Qualität der Brote als die Anbaumethode bio oder konventionell *(Kihlberg et al 2004)*.

Bio aus dem Stall

In Irland wurden Hühnerbrüste von Bio-Hühnern, konventionellen Hühnern, Freiland-Hühnern und Mais gefütterten Hühnern auf sensorische Unterschiede mit trainierten Testpersonen untersucht. Das Fleisch wurde im Rohr zubereitet, aber bei Raumtemperatur getestet. Trainierte Verkoster probierten das Fleisch und fanden größere Unterschiede im Aussehen und der Textur der Hühnerbrüste als im Geschmack oder im Geruch. Biohühner tendierten dazu, etwas fester im Biss zu sein und mussten im Durchschnitt etwas länger gekaut werden als konventionelle Hühner *(Lawlor et al 2003)*. Das ist nicht unbedingt verwunderlich, bewegen sich Biohühner doch mehr als konventionell gehaltene Hühner. Diese unterschiedliche körperliche Aktivität ist vermutlich der Grund für die gefundenen Texturunterschiede.

Milch von Kühen aus konventioneller und biologischer Landwirtschaft scheint sich hingegen nicht im Geruch oder Geschmack zu unterscheiden, sondern lediglich in der Farbe *(Paraskeva et al 2002)*.

Fazit: Wie Sie sehen, fallen Ergebnisse von Studien sehr unterschiedlich aus. Bei etlichen Produkten wurde auch kein Unterschied gefunden. Bei verarbeiteten Produkten hat die Verarbeitung oft einen größeren Einfluss als die landwirtschaftliche Produktionsmethode der Zutaten.

Griechischer Wein in Ottakring – Schmeckt das gleiche Essen immer gleich gut?

Urlaub in Griechenland, griechischer Wein, jeden Abend ein Gläschen, passt hervorragend zur griechischen Küche – es schmeckt wunderbar. Nichts also nahe liegender, als ein paar Flaschen mit heim zu nehmen. Schließlich soll das Urlaubsgefühl uns auch zuhause beschert sein!

Die große Ernüchterung kommt im Moment der vermeintlich genussvollen Reminiszenz: Das hat uns auf Kalymnos geschmeckt? Hartnäckigere Zeitgenossen unternehmen einen zweiten Versuch: schließlich passt das Getränk ja nicht zur österreichischen Küche – also her mit dem griechischen Kochbuch! Muss ja wiederherstellbar sein, das Urlaubsgefühl.

Aber selbst wenn Sie die Schraube noch weiter drehen und den Kochkurs „Essen wie im Urlaub: die griechische Küche" besuchen, mehr als einen Nase voll Urlaubsgefühle wird sich nicht einstellen; zumindest nicht durch ein Glaserl Retsina, nicht durch Tsatsiki und Moussaka. Denn das Genusserlebnis dieser Speisen und Getränke in Griechenland (oder anderen Ländern) basiert auf mehr:

- Es beginnt mit **Erwartungshaltung und Vorfreude**. Vom Tiramisu erwarten wir uns in Italien viel mehr, als wenn wir es in Deutschland oder Österreich bestellen. Auch von Moussaka in Griechenland.
- Im Urlaubsland ist häufig die **Umgebungstemperatur** anders, ebenso die **Luftfeuchtigkeit**. Dies beeinflusst unser Geruchsempfinden!
- **Der Geruch des Meeres, Farben, Musik …** all das beeinflusst unseren Gemütszustand. Vor allem Gerüche werden im Gehirn in der Nähe des Limbischen Systems, wo unsere Gefühle verarbeitet werden, verarbeitet. Geruchsempfinden ist daher sehr stark an Emotionen gekoppelt. Und in Erinnerung bleiben Gerüche und positive Urlaubsstimmung.
- **Den Geschmack von Stress haben Sie (hoffentlich) nicht als Reisebegleiter.** Zudem haben Stressgeplagte oft Beschwerden mit psychosomatischen Ursachen wie Magenschmerzen, was sich wiederum auf die Nahrungsaufnahme auswirkt.

WENN EINE ODER EINER EINE REISE TUN ...
DANN KÖNNEN SIE WAS MITNEHMEN.
ABER NICHT DAS GESCHMACKSERLEBNIS.

Stress im Haushalt wird dabei medial weitgehend ignoriert, hat jedoch dieselben gesundheitsschädigenden Auswirkungen.

Mütter, die nicht erwerbstätig sind, verwenden mehr Zeit für Essen und Trinken als berufstätige Mütter *(Meier-Gräwe 2005).*

Apropos Stress und Gesundheit: Das Burnout-Syndrom wird nach wie vor beinahe ausschließlich als Managerkrankheit thematisiert. Stress im Haushalt wird dabei medial weitgehend ignoriert, hat jedoch dieselben gesundheitsschädigenden Auswirkungen *(OIF 2007)*! (ganz zu schweigen von Alleinerziehenden). Wenn Sie im Urlaub unter Schlafentzug leiden, hat das Einfluss auf Ihr Geschmacksempfinden.

- Durchschnittlich nehmen wir uns im Urlaub **mehr Zeit** zum Essen und Genießen. Während beispielsweise Berufstätige in Deutschland im Durchschnitt 1 Stunden und 43 Minuten für das Essen, davon 1 Stunde 25 Minuten für Mahlzeiten zuhause, verwenden, wird im Urlaub Essen richtiggehend zelebriert. Dass es auch anders geht, zeigen die geradezu unglaublich anmutenden Schnell-Ess-Rekorde. Der derzeitige Hotdog-Weltrekord etwa wird von einem 23 Jahre alten und 97 kg schweren Amerikaner gehalten: 66 Hotdogs in 12 Minuten. Mahlzeit!

- Wenn Sie sich einen gelungenen Ess-Moment im Urlaub vergegenwärtigen: Wie war die unmittelbare Umgebung? **Haben Sie sich über den schön gedeckten Tisch im idyllisch gelegenen Restaurant gefreut?** In mediterranen Ländern werden oft Brot und Wasserkrüge vorab bereitgestellt, Weingläser sind vorhanden … und stimmen auf das bevorstehende Essen ein. Ein wichtiger Faktor für das Geschmackserleben.

- Nicht nur Sorgen, auch **unsere Essenspartner** schlagen auf den Magen. Ob uns das Essen schmeckt, hängt nicht unwesentlich davon ab, mit wem bzw. in welcher sozialen Umgebung wir essen. Essen wir alleine, mit dem Partner oder der Partnerin, mit oder ohne Kinder, mit Freunden? Verläuft das harmonisch, lustig, unterhaltsam? Schmeckt den Kindern das ungewohnte Essen? Wie steht's mit dem Sitzfleisch aller Beteiligten, wenn Sie ausgedehnter genießen möchten?

- **Ist Essen eine Handlung oder eine Zeremonie?** Wir erfolgt die Speisenpräsentation? In China wird zu gegebenem Anlass die Tafel gedeckt, und jeder kann von unterschiedlichen Gerichten probieren, im Gegensatz zu unserer Esskultur. Hierzulande kommt zuweilen dem Wein eine zeremonielle Bedeutung zu. Beim Bestellen einer guten Flasche wird diese zunächst präsentiert, der Korken zur olfaktorischen Begutachtung gereicht, ehe das schluckweise Vorkosten die Überprüfung des einwandfreien Zustandes der gewählten Bouteille durchaus stilvoll beendet. Alleine das kann das Wohlbefinden beeinflussen.

- **Am Berggipfel schmeckt erfahrungsgemäß selbst älteres Brot wieder hervorragend.** Generell gilt, dass sportliche Betätigung unsere Ernährung und unser Geschmacksempfinden beeinflussen Und viele sind im Urlaub körperlich deutlich aktiver als zuhause.
- **Tageslicht und Sonne sind Balsam für die Seele.** Was gibt's also Genussvolleres, als beim Essen draußen sitzen zu können? Ganz zu schweigen vom Vorteil, dass sich etwaiger Zigarettengeruch rasch verflüchtigt.

- **„All you can eat!"-Buffets wirken sich in mehrfacher Hinsicht auf unser Essverhalten aus.** Zum einen tritt die Spezifisch Sensorische Sättigung später ein (wir essen entsprechend mehr). Zum anderen wird mit diesem Angebot dem Essen eine die Verzehrmenge erhöhende Kosten-Nutzen-Rechnung eingeschrieben: Man hat viel bezahlt, und das muss sich rentieren. Also wird ordentlich zugeschlagen!! Klein Simon lernt das bereits in jungen Jahren von Groß Simon.
- Jene **Camper**, die Produkte von zuhause mitbringen, sind die große Ausnahme. Sie haben einen individuellen Weg gefunden zu reisen, aber gleichzeitig etwas Gewohntes zu bewahren. Gründe dafür können vielschichtig sein: Mitgebrachtes Essen kann den Urlaub mit kleinen Kindern vereinfachen oder Erwachsenen mit der Angst vor Neuem dennoch eine Reise ins Ausland schmackhaft machen.

Es gibt also mehr als genug Gründe, warum uns Produkte zuhause in einem völlig anderen Kontext nicht schmecken – oder zumindest nicht so gut schmecken wie im Urlaub. Umgekehrtes gilt auch! Erinnern Sie sich an die Vorfreude auf eine Scheibe Schwarzbrot oder Vollkornbrot zuhause, wenn sich der Urlaub im Süden zu Ende neigt?

Kann man denn gar nichts vom Urlaub mitnehmen? Doch, aber nicht das Urlaubsland. Was Sie aber mitnehmen können, ist eine eindrückliche Erfahrung: Die Umgebung macht's! Und die sollten Sie in Ihren Lebensalltag einbringen: Am Arbeitsplatz nach Möglichkeit nicht am Schreibtisch essen, Büromahlzeiten möglichst optisch ansprechend gestalten. Nutzen Sie die Erlebnisangebote der heimischen Gastronomie: vom Literaturfrühstück bis zur begleitenden Show beim Abendessen oder dem Kaffeesommelier, der Ihnen bei Tisch Kaffeespezialitäten bereitet.

Fazit: Der Genuss ist abhängig davon, wie wir was wo mit wem essen!

Die Umgebung macht's! Und die sollten Sie in Ihren Lebensalltag einbringen.

Wer schmecken will, muss riechen – Warum wir bei Erkältung nicht gerne essen

Aromastoffe steigen in die Riechschleimhaut der Nase. Unser Gaumen „riecht" das Essen.

Sehen und Hören sind die Sinne, denen in unserer Kultur (vermeintlich) das meiste Gewicht zukommt. Und das Riechen? Ihm wird üblicherweise nur in Zusammenhang mit Sauberkeit wirklich Bedeutung zugesprochen. Weithin gefehlt, denn der Geruchssinn beeinflusst unser Leben unmittelbar: beim Essen, bei der Partnerwahl, beim Naturerlebnis (stellen Sie sich einmal einen Wald ohne Geruch vor!), beim Einkauf. Wäre sonst unser Vermögen erklärbar, ca. 10.000 Duftstoffe wahrzunehmen und zu unterscheiden? Auch wenn wir bei weitem nicht alle benennen können, so beeinflussen sie dennoch unser Verhalten und unsere Gefühle.

Wie stark Geruch und Geschmack zusammenhängen, ist schnell erklärt: Denken Sie an den Verzehr von Erdbeeren. Sie sehen die roten, reifen Erdbeeren, Sie riechen deren Geruch. Dann stecken Sie eine Erdbeere in den Mund. Was passiert? Ihre Zunge nimmt wahr, wie süß oder sauer die Erdbeere ist. Auch ertasten Sie im Mund die Konsistenz der Erdbeere: Ist die fest, ist sie weich oder matschig? Allein: den so genannten Erdbeergeschmack kann Ihre Zunge nicht wahrnehmen – das macht die Nase! Wie das funktioniert? Mund und Nase sind miteinander verbunden. Während die Erdbeere sich in Ihrem Mund befindet, erwärmt sie sich langsam, da Ihre Körpertemperatur höher als die Temperatur der frischen Erdbeere ist. Deswegen steigen die in der Erdbeere enthaltenen natürlichen Aromastoffe langsam Richtung Riechschleimhaut der Nase auf. Ihre Nase riecht Erdbeere. Da Sie die Erdbeere aber im Mund haben, glauben Sie, dass die Erdbeere nach Erdbeere schmeckt. Diesen Effekt können Sie im Selbstversuch überprüfen: Halten Sie sich bei der nächsten Erdbeeren die Nase zu. Nach was schmeckt's? Und wenn Sie starken Schnupfen haben, brauchen Sie sich die Nase erst gar nicht zuhalten – das Essen schmeckt jedenfalls nach gar nichts.

DRUM ATME FREI, WER SICH EWIG BINDET:
DER GERUCHSINN BEEINFLUSST,
WAS WIR MÖGEN. OB PARTNER ODER ESSEN ...

Beeinträchtiger Genuss – Riech- und Schmeckstörungen

Das Zusammenwirken von Geruch und Geschmack ist nur wenigen bekannt. So ist es nicht wirklich verwunderlich, dass ein Großteil von den in einer Studie erfassten Studenten auf die Frage, welchen Ihrer fünf Sinne (Sehsinn, Geruchssinn, Geschmackssinn, Tastsinn, Gehörsinn) sie „am liebsten" verlieren würden, wenn Sie einen Sinn wählen müssten, den Geruchssinn nannten *(Van Toller 1999)*. Womit sie eigentlich zwei Sinne preisgegeben hätten, da sie den Geschmackssinn im Wesentlichen auch einbüßen würden.

Riechstörungen

Manche von uns sind davon betroffen, ohne davon zu wissen.

Jeder von uns kann davon irgendwann betroffen sein – und manche von uns sind davon betroffen, ohne davon zu wissen. Denn einseitige Riechstörungen fallen den Betroffenen oftmals gar nicht auf *(Reiß und Reiß 2000)*. Im Gegensatz zu Menschen, die den Geruchssinn beidseitig verloren haben – sie haben spür-(und riech)bar an Lebensqualität verloren.

Den vollständigen Ausfall des Geruchssinnes im Fachjargon nennt man Anosmie. Sie kann infolge einer Entzündung (akute virale Rhinitis: Schnupfen, oberflächlicher Katarrh der Nasenschleimhaut) bzw. nach einem Influenza-Infekt auftreten. Auch manche Medikamente, Lösungsmittel oder Schwermetalle können Riechzellen schädigen und zum Ausfall des Geruchssinnes führen. Zinkmangel, chronische Nierenerkrankungen, Leberzirrhose, chronische Darmerkrankungen und in seltenen Fällen Tumore können weitere Gründe für den Funktionsausfall sein *(Briner 2002)*.

Zudem entsteht bei ca. 10 Prozent der Patienten mit Schädel-Hirn-Trauma durch Zerrung der sensorischen Nervenfasern auch eine komplette Riechstörung *(Reiß und Reiß 2000)*.

Sehr häufig sind Patienten mit Alzheimer oder Parkinson von Geruchsstörungen betroffen. Das geht sogar so weit, dass bei Alzheimer die gestörte Identifikation von Gerüchen zeitlich vor anderen Verhaltensänderungen sichtbar und als Hinweis auf die Erkrankung anerkannt werden *(Burkert et al 2005)*! **70 bis 90 Prozent aller Parkinson-Patienten leiden unter Störungen der Geruchswahrnehmung** *(Winkler 2007)*.

NICHT MEHR ERKENNEN, WAS MAN RIECHT:
DIE GESTÖRTE IDENTIFIKATION VON GERÜCHEN IST ALS ERSTER HINWEIS AUF PARKINSON-ERKRANKUNG ANERKANNT.

Wussten Sie, dass es Krankheiten gibt, die den umgekehrten Effekt hervorrufen, nämlich eine gesteigerte Geruchswahrnehmung? Viele, die unter Migräne leiden, wissen, wie unangenehm diese intensivierte Wahrnehmung von Licht, Lärm und Geruch sein kann *(Paulus et al 2000)*.

Ob Intensivierung oder Minderung: bei den bisher beschriebenen Veränderungen der Geruchswahrnehmung handelt es sich um quantitative. Daneben gibt es aber auch qualitative Riechstörungen, zum Beispiel verzerrte oder falsche Geruchsempfindungen, die Wahrnehmung nicht existierender Gerüche, die Unfähigkeit, Gerüche zu unterscheiden, oder die Unfähigkeit, wahrgenommene Gerüche zu erkennen.

Nicht nur das veränderte Riechen, auch charakteristische Gerüche des Menschen können selbst ein Indikator für Krankheiten sein. Zur Diagnose sind sie allerdings nur bedingt geeignet, da sie in vielen Fällen erst im fortgeschrittenen Krankheitsstadium auftreten. So etwa der Geruch nach faulenden Äpfeln bei Diabetes mellitus, Ammoniakgeruch in der Atemluft bei Patienten mit Leberversagen, saurer Hautgeruch bei rheumatischen Krankheiten, der Geruch nach frisch gebackenem Brot bei Bauchtyphus, Metzgereigeruch bei Gelbfieber, Apfelgeruch bei Pest oder fauliger Geruch bei Pocken. Epilepsiepatienten strömen angeblich vor, während und unmittelbar nach Krampfanfällen einen Eiter- oder Camembertkäsegeruch aus. Bei Menschen mit der erblichen Stoffwechselkrankheit „Ahornsirup-Krankheit" (Enzymdefekt, der im Säuglingsalter zu Störungen im Hirnstoffwechsel führt) riecht der Harn nach Karamell bzw. Ahornsirup *(Plattig 1995)*. In der Fachliteratur wird von vielen weiteren Beispielen berichtet.

Schmeckstörungen

Schätzungen zufolge könnten in Deutschland eine halbe Million Menschen von Schmeckstörungen betroffen sein – Frauen öfter als Männer. Überträgt man diese Verteilung auf Österreich, gäbe es hierzulande ca. 50.000 Betroffene. Die meisten Schmeckstörungen äußern sich dabei nicht als Geschmacksverlust, sondern als falsches Schmecken (z. B. bittere Torte) oder als Phantosmie: ein ständiges Schmecken, ohne dabei etwas im Mund zu haben *(Epping et al 2006)*.

Schmeckstörungen können wie Riechstörungen ihre Ursache in der Schädigung der Schmeckzellen (etwa durch Infektionen, Strahlentherapie, Chemotherapie, Eisenmangel, Erkrankungen der Mundschleimhaut u. a.), der Schädigung der Nerven, die die Geschmacksbotschaft an Gehirn weiterleiten, oder der Beeinträchtigungen des Zentralnervensystems (zum Beispiel bei Hirntumor, Schädel-Hirn-Trauma, Depression oder Schizophrenie) haben *(Burkert et al 2005)*. Auch Diabetes, Leber- und Nierenerkrankungen, Bulimie (Ess-Brech-Sucht), mangelhafte Mundhygiene oder Schilddrüsen-Unterfunktion *(Knecht et al 1999)* haben oftmals Beeinträchtigungen des Geschmackssinns zur Folge.

Es gibt also viele mögliche Ursachen. Tröstlich ist, dass „nur" die Grundgeschmacksarten süß, sauer, salzig, bitter und umami betroffen sind. Das eröffnet Spielräume. So kann die Freude am Essen durch Verstärkung der anderen Sinneseindrücke erhöht werden: durch farbenfrohes Essen, Einsatz von Aromen (Steigerung des Geruches) und unterschiedliche Texturen.

Die Wissenschaft hat inzwischen viel Wissen über den Vorgang des Schmeckens zusammengetragen. Nach wie vor gibt es aber weiße Flecken auf der Wissenslandkarte. Rätselhaft ist etwa ein Syndrom, bei dem die Betroffenen ständig ein Brennen auf der Zunge wahrnehmen (burning mouth syndrom).

Die meisten Schmeckstörungen äußern sich nicht als Geschmacksverlust, sondern als falsches Schmecken.

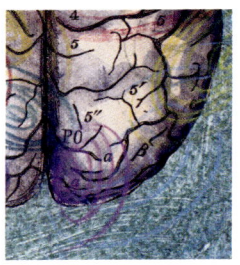

Fazit: Was uns schmeckt ist ein Zusammenspiel sehr vieler Aspekte, und es ist schwierig, einzelne Effekte isoliert zu betrachten. Der Einblick, den Sie gewonnen haben, kann aber Ihrer ganz individuellen Analyse dienen, nämlich welche Gründe es haben kann, warum Sie manche Lebensmittel mögen oder nicht.

PRÄFERENZEN IM WANDEL –
LEBENSMITTEL IM WANDEL

Geschmack der Vergangenheit – Geschmack der Zukunft

Sind Trendforscher Wahrsager?

Der Begriff „Trend" ist in aller Munde – kein Wunder, wer will schon „out" sein. Versteht man im allgemeinen Sprachgebrauch Trend ja als das, was „in" ist. Forscher verwenden den Begriff jedoch differenzierter. Trendforscher sind keine Wahrsager, die die Zukunft im Kaffeesatz zu lesen versuchen, sondern beschäftigen sich intensiv mit dem gesellschaftlichen Wandel, versuchen diesen zu erkennen und zu deuten. Forscher unterscheiden Trendkategorien in Abhängigkeit von deren Dauer, Intensität und Relevanz. Die wichtigsten Trends sind laut Horx et al. *(2007)* universelle und großräumige Metatrends, Jahrzehnte andauernde Megatrends (wie Globalisierung oder Wellness), soziokulturelle Trends (etwa die Sehnsucht nach einem entschleunigten Lebensstil) und vergleichsweise kurzfristige Konsumententrends.

Diese Trends spiegeln sich auch in unseren Lebensmitteln wieder – im Handel wie in der Gastronomie.

Im Zuge des Megatrends Gesundheit ist beispielsweise New Fusion Food Thema: Asiatische Küche ist leicht und gesund und wurde von europäischen und amerikanischen Köchen aufgegriffen, um eine neue „Fusionsküche" mit asiatischen und heimischen Kochtraditionen zu entwickeln *(Kirig und Rützler 2007)*. Entsprechende Zutaten sind mittlerweile auch im Lebensmitteleinzelhandel im Standardsortiment erhältlich.

In diesem Kapitel geht's um Lebensmitteltrends: sowohl Produktneuheiten im Supermarktregal als auch Trends in der Gastronomie. Eines vorneweg: Viele der heutigen „Produktneuheiten" sind gar nicht so neu, wie sie auf den ersten Blick erscheinen.

Viele der heutigen „Produktneuheiten" sind gar nicht so neu, wie sie auf den ersten Blick erscheinen.

IN DURCHLÖCHERTEN KAFFEETABS LÄSST SICH KEINE ZUKUNFT MEHR LESEN: TRENDFORSCHER VERSUCHEN MITTELS WISSENSCHAFTLICHER VERFAHREN, DEN GESELLSCHAFTLICHEN WANDEL ZU DEUTEN.

Vorwärts in die Vergangenheit?
Produktinnovationen mit alten Wurzeln

Dinkel-Glückskekse
als alter Hut, Erd-
beeren mit Pfeffer
Ancient cuisine?

„Innovationen" haben ihre Wurzeln oft in der Vergangenheit – etwa der aktuelle Hype um Dinkel, den Klosterfrau Hildegard von Bingen, die von 1098 bis 1179 lebte, bereits anpries. Erdbeeren mit Pfeffer – Aufzeichnungen königlicher Feste im Mittelalter zeigen, dass die Kombination von Früchten mit scharfen Gewürzen nicht unbekannt waren. Dinkel-Glückskekse als alter Hut, Erdbeeren mit Pfeffer Ancient cuisine?

Selbst wenn: für uns bieten viele Produkte oder Speisen neue Geschmackserlebnisse, auch wenn sie in ähnlicher Form bereits einmal in der Vergangenheit üblich waren:

- Artischocken, Rucola (Rauke), aber auch Sauerampfer, Portlak, Granatäpfel und Feigen hatten bereits im antiken Rom einen hohen Stellenwert. Heute konsumieren wir Rucola als Salat oder Pesto, und Sauerampfer wurde neben anderen Wildkräutern als Genussmittel wieder entdeckt (Schmid 2006).

- Die Kombination von frischen Feigen mit Käse stand im alten Rom schon auf Dessertkarten. 2000 Jahre später empfiehlt Jamie „trendy" Oliver Feigen mit Käse – allerdings in Form getrockneter Feigen mit Pecorino – als Dessert (Schmid 2006).

- Lange Tradition und gegenwärtiger Erfolg sind bei Olivenöl offensichtlich. Aber wussten Sie, dass die Idee, Olivenöl durch Zugabe von Kräutern aufzuwerten, ebenso aus dem antiken Rom stammt? (Schmid 2006)

- Die Geschmacksrichtung süß-sauer verbinden viele mit asiatischer Küche. Nachvollziehbar, trotzdem falsch: Sie war bereits ein Kennzeichen der römischen antiken Küche, und auch im Mittelalter tendierte der Geschmack zu süß-sauer, wenn auch weniger ausgeprägt als bei den Römern (Cech 2006).

- Im Mittelalter waren exotische Gewürze wie Pfeffer, Paradieskörner, Gewürznelken, Muskatnuss, Muskatblüte, Zimt, Kardamom, Ingwer, Galgant und Safran sehr beliebt (Cech 2006). Die unterste Bevölkerungsschicht hatte jedoch keinen Zugang zu orientalischen Gewürzen und begnügte sich mit Wildkräutern (Schmid 2006). Heute sind exotische Gewürze und Wildkräuter hoch im Kurs.

WAS EINMAL WAR, WIRD WIEDER SEIN:
INNOVATIONEN SCHLIESSEN OFT AN
EINE TRADITION AN, DIE ZWISCHENZEITLICH
IN VERGESSENHEIT GERATEN IST.

- Die Klosterfrau Hildegard von Bingen propagierte nicht nur Dinkel, sondern u. a. auch **Kürbis**. Und der erfreut sich heute enormer Beliebtheit, wie sich an Kürbisgerichten in der Gastronomie, Kürbiskochbüchern und Kürbisfesten zeigt.
- Naturbelassen hatte eben immer schon Konjunktur, werden Sie sich vielleicht jetzt denken. Und überrascht sein, dass im Mittelalter Speisen eingefärbt wurden, um einen **„Verfremdungseffekt"** zu erzielen. Heute werden Lebensmittel aus zwei Gründen eingefärbt: entweder um natürliche Farbtöne zu verstärken oder: um eine Verfremdung zu erzielen – wie im Mittelalter eben *(Schmid 2006)*.
- **Ein bisschen QI (Energie) schadet nie** – Produktinnovationen der Lebensmittelindustrie in Anlehnung an die sehr alte Traditionelle Chinesische Medizin (TCM) sind jedoch nur eingeschränkt möglich, da diese frisch zubereiteten Lebensmittel bevorzugt. Tiefkühlprodukte, Instant- oder Mikrowellengerichte wären daher nicht authentisch im Sinne der chinesischen 5-Elemente-Ernährung. Einige Produkte im Sinne der TCM gibt's aber: etwa ein Tee aus chinesischen Kräutern (Teehaus Artee in Wien), Gewürzmischungen (zum Beispiel das „Kim Kocht" 5-Elemente-Currypulver) oder Brote.

Nicht nur zur Dekoration – Wildkräuter & Blüten

Sauerampfer und andere Wildkräuter gab es also im antiken Rom, Wildkräuter waren im Mittelalter Gewürze der unteren Bevölkerungsschicht. Und heute? Angeführt von Bärlauch erlebten Wildkräuter in den letzten Jahren eine Art Wiederauferstehung. Einschlägige Kochbücher wurden publiziert, und in die Gastronomie hat vor allem Bärlauch in Form von Suppen, Saucen, Nockerl, Spätzle und dergleichen triumphal Einzug gefunden.

Sucht man nach „Bärlauch Rezept" im Internet mittels Google, erhält man mehr als 600 Einträge, die Suche nach „Löwenzahn Rezept" resultiert in über 400 Einträgen, zu „Sauerampfer Rezept" findet man immerhin gut 200 Einträge. Die Vielfalt ist beeindruckend und reicht vom Löwenzahnblütengelee, Scheiterhaufen von Räucherfischen und Löwenzahn oder Löwenzahnschnaps bis zu Spargelmousse mit frittiertem Bärlauch und Sauerampfermousse.

Aufwendig, aber exquisit ist etwa das Rezept für Löwenzahn-tiramisu: Stellen Sie einen süßen Sud aus Löwenzahnblüten her und seihen Sie die Blüten ab. Danach wird der Sud mit Obers und Vanille-pudding vermengt und abwechselnd mit Biskuit in eine Form ge-schichtet *(Puchberger O.J.)*.

Innovativ: Gänseblümchen sind als Salat-Zutat nicht nur optisch ansprechend, sondern schmecken auch gut.
Innovativer: Gänseblümchen in Eiswürfelbehälter mit Was-ser füllen und frieren lassen *(Die Umweltberatung NÖ o.J.)*.
Ganz innovativ: Gänseblümchenkapern *(Friedl o.J.)*.

Wildkräuter sind nicht zuletzt aus ernährungswissenschaftlicher Sicht interessant, da ihr Nährstoffgehalt durchaus beachtenswert ist. Als Heilmittel haben Kräuter lange Tradition, und zum Megatrend Well-ness passen sie wie das Kräutlein auf die Wiese: Kneipp'sche Anwen-dungen erfreuen sich großer Beliebtheit.

Sebastian Kneipp: „Ich habe die tiefste Überzeugung, dass die Kräuter nicht nur Heilmittel, sondern auch ganz ausgezeichnete Nähr-mittel sind. Ein Blick auf das, was die Kräuter leisten, überzeugt uns ja davon. Freilich spreche ich nicht von allen Pflanzenarten. (...) Gegen das, was man im Überfluss hat, wird man gleichgültig; daher kommt es, dass viele hundert Pflanzen und Kräuter für wertlose Unkräuter gehalten wer-den, anstatt dass man sie beachtet, bewundert und gebraucht." *(http://www.kneipp-meilen.ch/zitate.htm, 27.1.08)*

> **Kneipp'sche Anwendungen er-freuen sich großer Beliebtheit.**

Fazit: Speisen und Produkte mit Wildkräutern zählen somit zu den Produktmoden der Gegenwart. Aber auch klassische Garten-kräuter werden alternativ eingesetzt: Hatten Sie beim Verzehr von Konfekt schon einmal den Geschmack von Kräutern auf der Zunge? Könnte sein, dass Sie sich nicht getäuscht haben – ein Wiener Konfekt-Hersteller erzeugt Bonbonnieren mit Wild- und Gartenkräu-tern (www.bluehendes-konfekt.com).

Was offeriert der Hausverstand? – Trends aus dem Supermarkt

Als Trendprodukte in den Regalen finden sich weniger Wildkräuer und Blüten als verstärkt Produkte mit Beeren und exotischen Gewürzen, Fair-Trade- und Bioprodukte bzw. schlank machende Artikel.

Beerenhunger

Mineralwasser mit Jostabeeren-Geschmack oder dem Geschmack nach Cassis, Himbeer-Biolimonade, Beerenfruchtschnitten, Hustenbonbons mit Sanddorn, Cranberries in Saft- oder Sirupform bereichern derzeit den Markt. Der Österreichische Rundfunk prophezeite im Jänner 2008 unter dem Motto „Die Beeren sind los", dass unbekannte Beeren wie die Chinesische Wolfsbeere oder die beerenförmige Frucht der Acai-Palme zu den Superfrüchten des Jahres zählen werden. Vermutlich keine allzu riskante Prognose. Ein weiterer Hinweis auf einen „beerenstarke" Trend ist eine Broschüre der Agrarmarkt Austria Marketing GesmbH (2006). In „Beeren. Gesundes Naschen!" gibt's Rezeptideen zur Verwendung von Beeren als Zutat zu pikanten Kompositionen. Beeren finden sich zum Teil auch in Smoothies, neu am heimischen Markt erhältlichen Getränken aus Fruchtmus und Fruchtsaft, wieder.

Gewürze statt Würze

Während Vanilleeis oder Vanillejoghurt vor einigen Jahren mit Vanillin aromatisiert wurden, ist heute echte Vanille zunehmend angesagt. Chilli wird längst nicht mehr ausschließlich als Gewürz, sondern auch in Form von Chillischokolade, Chilli-Chips oder Jalapeno-Bratwürsten (Jalapeno ist eine vergleichsweise milde Chilli) verzehrt. Chai-Tees vermitteln einen Hauch Asien, während Safran überhaupt schon heimisch geworden ist: Er wird mittlerweile im Burgenland angebaut und geerntet – und wurde sogleich erfolgreich in die heimische Küche implementiert: Nudeln mit pannonischem Safran war am 11.5.2007 im Rondo *(„Der Standard")* das Produkt der Woche *(Corti 2007)*. Safran ist aufgrund seines Geruches und Geschmacks, aber auch seiner Farbe eine Bereicherung. Sein im Vergleich zu anderen Gewürzen stolzer Preis ist einfach erklärt: Man benötigt etwa 150.000 Blüten für ein Kilogramm getrockneten Safran!

VERBREITETE EINST TOAST HAWAII EXOTISCHEN FLAIR IN HIESIGEN WIRTSHÄUSERN, HOLT MAN SICH HEUTE ASIATISCHE FISCHSPEZIALITÄTEN MIT VOLLKORNPANADE AUS DEM TIEFKÜHLSORTIMENT.

Moral ist geil – soziale und nachhaltige Produktphilosophien

„Nicht Geiz, sondern Moral ist geil" *(Horx 2007)*, darunter fallen Stichworte wie Nachhaltigkeit, sozial verträgliche Produktionsmethoden, Fair Trade oder Bio. Getreu diesem Motto kamen in den letzten Jahren verstärkt fair gehandelte Fruchtsäfte in den Handel. Und Bio? Das boomt nach wie vor, inzwischen in beinahe allen Sektoren: Laut dem österreichischen Lebensministerium (2007) ist einer gegenwärtigen Entwicklungen in der Lebensmittelwirtschaft „Bio für jedermann" – Bio-Produktlinien für preisbewusste Konsumenten.

Und Bio? Das boomt nach wie vor, inzwischen in beinahe allen Sektoren.

Fisch und Meeresfrüchte

War einst „Toast Hawaii" die weit verbreitete heimische Fantasie für kulinarische Genüsse auf fremden Inseln, sind heimische bzw. Meeres-Fische und -Früchte längst zum fixen Bestandteil des hiesigen Essens geworden. So stieg in Deutschland der Pro-Kopf-Verbrauch 2006 um 4,8 Prozent *(www.agrarheute.com)*, in der Schweiz konnte von 2001 bis 2005 ein Zuwachs von 15 Prozent verzeichnet werden – von Trendforscherinnen als Resultat der Asiatisierung der Küche gedeutet *(Kirig und Rützler 2007)*.

In Wien hat 2007 der erste Fischsupermarkt eröffnet. Dass Produktinnovationen auch am Schnittpunkt mehrerer Trends liegen können, zeigt sich etwa an einer solchen im Tiefkühlsektor. Seit neuestem lässt sich panierter Fisch mit Vollkorn-Panade an Land respektive in den Einkaufswagen ziehen.

Regionale Produkte stehen für Herkunft, Verwurzelung, aber auch Einzigartigkeit.

Ein schöner Land? – Trend regionale Produkte

Einer österreichischen Studie zufolge haben Menschen unterschiedliche Zugänge zum Begriff regionale Ernährung: *„Klasse statt Masse"*, *„Synonym für Produkte vom Land"* oder ein *„Versprechen von Nähe"* *(Weiß 2007)*. Laut Kirig und Rützler *(2007)* stehen regionale Produkte für Herkunft, Verwurzelung, aber auch Einzigartigkeit. Letztere ist in vielen Fällen buchstäblich vorhanden: Marmelade aus Weingartenpfirsichen etwa sind eine solche Rarität. Nur 320 Gläser exquisiter Marmelade entstehen aus Wagramer Weingartenpfirsich – sie werden zu stolzen Preisen verkauft. Mehrwert im Preis inbegriffen: Der Käufer erwirbt eine exklusive Köstlichkeit und unterstützt die Artenvielfalt *(Corti 2008)*.

Regionale Produkte halten auch in der Gastronomie verstärkt Einzug. So boten 200 Gastronomiebetriebe in fünf Bundesländern Österreichs im Juli 2007 so genannte **Most & Saft Wochen** an *(http://www.ots.at/presseaussendung.php?schluessel=OTS_20070620_OTS0156&ch=m edien)*. Oberösterreich, ein Bundesland mit Mosttradition, unterstützt schon seit längerem dessen Image. *„A guate Kost mit Most"* hieß auch ein Rezeptheft der Landwirtschaftskammer Oberösterreich *(Schober und Binder, 1993)* und auch das Buch-Projekt „Österreichische Mostküche" *(Haiden 2007)* konnte mithilfe regionaler Unterstützung realisiert werden. Die heimischen Spitzengastronomen steigert ihre Marktposition ebenfalls durch den Einsatz regionaler Produkte, erhalten die internationalen Anforderungen entsprechenden Speisenangebote doch erst dadurch ihr unverwechselbares Flair.

Ein eindrückliches Zeugnis dafür ist die jüngst aufgelegte *„Tiroler Haubenküche"* *(Krenn 2007)*, deren verbindendes regionales Element die starke Einbeziehung von Produkten aus der unmittelbaren Umgebung ist: In diesem Falle etwa Milchprodukte von Kuh, Ziege und Schaf und Frischfleisch bzw. -fisch.

NICHT NUR GEGEN DEN DURST:
MIT EDLEN MOSTGETRÄNKEN SCHENKT MAN SICH AUCH REGIONALITÄT INS GLAS.

Frisch, Fusion, asiatisch – Trends in der Gastronomie

Eins vorweg: Nachfolgend ist immer wieder von „guten Köchen" die Rede. Köche/Innen entsprechend Ihrer Fähigkeiten zu bewerten, möchte ich den dazu befähigten Spezialisten, also den Gastronomie-Kritikern, überlassen. Mein Auswahlkriterium ist zuallererst der Bekanntheitsgrad: also Köchinnen und Köche, die als Fernseh-Stars auftreten, mit Kochbüchern die Bestsellerlisten erobert haben oder ausgezeichnet wurden – und deswegen in einem breiteren Kontext etwas bewegen oder bewegt haben. In diesem Sinne sind die im Folgenden Genannten als Beispiele für Trendsetter in der Gastronomie zu verstehen, eine Aufzählung, der selbstverständlich keine Vollzähligkeit zukommt.

Gute Köchinnen und Köche verbindet vor allem eines: die Auswahl qualitativ hochwertiger frischer Zutaten, Experimentierfreudigkeit und die Liebe zum Kochen und Essen. Nicht die aufwendige Zubereitung, nicht die Verwendung teurer Zutaten, sondern der Geschmack ist dabei das Wichtigste *(Sarah Wiener (2007)*.

Worldwilde am Teller – Gastronomie voll im Trend

Zutaten wie Wild- und Küchenkräuter, Blüten, Beeren, regionale Zutaten ebenso wie internationale, vor allem asiatisch angehauchte Gerichte sind bei vielen bekannten Köchinnen und Köchen zu finden. Regionale und internationale Zutaten werden auch innerhalb eines Gerichtes fusioniert. Fantasievolle Beispiele dafür sind etwa Thunfisch mit Grammeln à al Sohyi Kim oder der „Rote-Rüben-Cappucchino" von Nina Sotriffer – eine Rote-Rüben-Suppe, die mit Wodka abgeschmeckt und mit geschäumter Ingwermilch gekrönt wird *(Hobmaier und Wissing 2007)*.

Viele Köchinnen und Köche sind Fernsehstars und Kochbuchautoren. Sie haben die Möglichkeit, das Image gesunder Zutaten zu pushen. Immer gelingt es nicht – das musste selbst der Popstar unter den Köchen, Jamie Oliver, feststellen: Sein engagiert vorgetragener Versuch, das englische Schulessen zu reformieren, war leider nicht erfolgreich. In 19 von 27 Schulen wurde nach der Umstellung weniger gegessen: viele Schüler lehnten Gemüse ab, und das gesunde Essen war zu teuer, sodass sich Kinder aus ärmeren Familien die Mahlzeiten nicht mehr leisten konnten *(Die Presse 2007, www.diepresse.com)*.

WARUM MAN NUDELN IN EINER GROSSEN WASSERMENGE KOCHEN SOLL:
DER BEGRÜNDER DER MOLEKULAREN KÜCHE WEISS DIE ANTWORT.

Ein Kraut gewachsen

Kräuter und vor allem Wildkräuter sind auch und vor allem in der Gastronomie „in" – weil sie einfach toll schmecken. Während Sarah Wiener *(Wiener 2007)* einige Gerichte mit Sauerampfer komponierte, lassen in der Schweiz die Spitzenköchin Tanja Grandits mit Sesam-Minz-Pesto oder Vreni Giger mit Brennesseltarte aufhorchen *(Hobmaier und Wissing 2007)*.

Und auch in Österreich hat der Siegeszug des einstigen Unkrauts längst begonnen. So bietet Toni Mörwald *(2008)* ein Kochseminar an, das sich unter anderem Wildkräutern und Blüten widmet. Starkoch Sepp Schellhorn kredenzt Bärlauch als Pesto, Risotto und zu Pasta *(http://www.seehof-goldegg.com)*. „Kräuter aus Wildsammlung" und „Wiesenkräuter" findet man auch bei Heino Huber (2008), und Sohyi Kim *(Wenzl Matthai, Kim 2006)* versetzt Erdäpfelpüree mit Lavendelöl.

Eine Vielzahl österreichischer Haubenköchinnen und -köche kreierten Rezepte nach dem Motto „Haubenküche zum Beislpreis" für ein Obdachlosenprojekt des Neunerhauses *(Neunerhaus 2005)*. Hier finden sich ebenso Blüten, Bärlauch oder andere Wildkräuter – Letztere auch als Zutat zu süßen Gerichten, beispielsweise Creme Brulee. Geradezu ein Klassiker Österreichs Küche sind Holunderblüten.

3 auf einen Spieß

Wenn Sie jetzt meinen, bereits alle innovativen Facetten des Kräuter-&-Gewürze-Einsatzes in der modernen Küche zu kennen, kann ich Sie enttäuschen. Kräuter und Gewürze werden nämlich auch dafür eingesetzt, um innovative Spieße herzustellen: Sarah Wiener *(2007)* spießt Fischmedaillons auf Zimtstangen auf, Jamie Oliver *(2002)* steckt Lamm,

Huhn sowie Fisch, Vreni Giger *(Hobmaier und Wissing 2007)* hingegen Kaninchen auf festen Rosmarinzweigen auf. Sohyi Kim verwendet Lemongras für einen Spieß mit Garnelen und Melone *(Wenzl et al, 2006)*. Diese Zubereitungsart hat einen mehrfachen Effekt auf den Genuss: erstens geht das Aroma von Kräuterzweigen oder Gewürzen auf Fisch oder Fleisch über, zweitens sehen die Spieße optisch toll aus, und drittens hat die veränderte Form von Produkten einen Einfluss auf deren Gefühl im Mund.

Die veränderte Form von Produkten hat einen Einfluss auf deren Gefühl im Mund.

Brokkoli meets Grünkern in der Haubenküche

Über den Trend zur und innerhalb der vegetarischen Küche ließe sich ein eigenes Buch schreiben. An dieser Stelle möchte ich es mit einer Bemerkung bezüglich ihrer Bedeutung in der modernen Küche bewenden lassen. Von Randow *(2005)* bemisst die Qualität eines guten Restaurants nicht zuletzt danach, ob die Küche kreativ genug ist, auch Vegetariern eine angemessene Auswahl zu bieten. Ganz meine Meinung. **Viele Spitzenköche und -köchinnen beweisen, dass vegetarisches Essen eine auch geschmacklich vollwertige Alternative ist.**

Der Trend zu Brainfood wurde von Toni Mörwald aufgegriffen.

Das Essen, das sogar denken kann? – Brainfood

Der Trend zu Brainfood wurde von Toni Mörwald *(2008)* aufgegriffen. Essen soll nicht müde machen, sondern für geistige Fitness sorgen – um gegen Stress und für lange Meetings und den Büroalltag gerüstet zu sein. Offensichtlich ein weit verbreiteter Wunsch, bietet Mörwald Brainfood doch auch via Catering an.

Aus ernährungswissenschaftlicher Sicht sind Konzentration und Merkfähigkeit tatsächlich durch unsere Nahrung beeinflussbar.

Aus ernährungswissenschaftlicher Sicht sind Konzentration und Merkfähigkeit tatsächlich durch unsere Nahrung beeinflussbar. Dabei sollte auf Getränke nicht vergessen werden, da bei Flüssigkeitsmangel die Transportleistung für Sauerstoff und Nährstoffe zum Gehirn verschlechtert ist. **Als Top 7 für Kopfarbeiter gelten Hafer, Nüsse, Müsli, Fische (vor allem fette Seefische), Dinkel, Sojabohne und Apfelschalen** *(O.V., Forum Ernährung 2006)*. Bevor Sie sich jetzt aber allzu euphorisch auf den Weg zur nächsten Bezugsquelle machen – die Intelligenz wird durch das richtige Essen nicht erhöht.

Trotzdem hat sich Brainfood in den heimischen Think Tanks etabliert: Die Uni-Mensen haben es als Erfolgsfaktor erkannt und bieten seit einigen Jahren einschlägige Gerichte an *(http://www.mensen.at/mensa_kulinarik_brainfood.php)*.

Sinnig oder nur sündig? Gelage wissenschaftlich betrachtet

Wer zu müde zum Sitzen ist, findet neuerdings auch Möglichkeiten zum Essen im Liegen *(www.phoenix-club.com)* – nicht als Event, sondern als regelmäßige Option.

Die Intensität der Geruchswahrnehmung ist von der Körperposition abhängig.

Was lässt sich aus ernährungswissenschaftlicher Sicht dazu sagen: Am Beispiel von Phenylethylalkohol, einer Substanz mit Geruch nach Rose und Honig, wurde nachgewiesen, dass die Intensität der Geruchswahrnehmung von der Körperposition abhängt. Im Sitzen waren die Testpersonen deutlich empfindlicher für den Geruch *(Lundström et al 2006)*. Und wie Sie als Leser dieses Buches bereits wissen, ist der Geruch von Speisen maßgeblich am Essensgenuss beteiligt.

Physik und Chemie als die besseren Köche?

Experimentierfreudige Köche stellen seit einigen Jahren die klassische Küche auf den Kopf. Sie experimentieren und kreieren Gerichte, die für manche einen den Höhepunkt des guten Geschmacks darstellen. **Heston Blumenthal** ist Eigentümer des **Pubs The Fat Duck**, eines Dreisterne-Restaurants im englischen Berkshire, das 2005 zum „Besten Restaurant der Welt" gekürt wurde. Auf seiner Homepage *(http://www.fatduck.co.uk/)* schlägt der Molekulargastronom im Jänner 2008 ein Degustationsmenü mit Wachtelgelee oder Stickstoff-Eierspeise mit Speckeiscreme vor. **Der spanische Koch Adrià** wurde durch seine „Gemüse-Grillplatte" aus Gelatinestreifen mit Gemüsegeschmack und Holzkohleöl berühmt (http://www.ahgz.de/vermischtes /Meisterkoeche-Labor-Herd,482006,612229488.html).

Was aber bedeutet Molekulare Gastronomie wirklich? Der Begriff stammt ursprünglich von Hervé This-Benckhard und Nicholas Kurti, zwei französische Wissenschafter. Angesichts des Stellenwertes, der dem Essen in Frankreich zukommt, nicht wirklich überraschend. Konkret darf man sich unter Molekularer Gastronomie eine Anwendung von Kenntnissen aus Wissenschaft (Lebensmitteltechnologie, Physik, Chemie) und Kochkunst vorstellen. Das ursprüngliche Ziel war, alten Rezepten auf den Grund zu gehen, sie zu verbessern, neue Techniken zu entwickeln und neue Texturen, Geschmäcker, Produkte zu schaffen.

Erkenntnisse aus der so genannten Molekularküche ermöglichen uns, statt eines simplen Speckbrotes „Räucherspeckschaum auf Brotchips" oder „Campari-Caviar" in Orangensaft schwimmend anstelle von gewöhnlichem Campari-Orange zu verzehren *(beide Rezepte von Vilgis 2007)*.

Selbst „simple Beilagen" wie Pommes Frittes können durch aufwendige Prozesse wieder in die gehobene Küche verschoben werden: durch Molekulare Gastronomie wurde herausgefunden, wie man Pommes Frittes zubereiten muss, um innen einen Hohlraum zu erzeugen – damit man sie mit Ketchup füllen kann. Kartoffelstäbchen werden zuerst gekocht, dann in Vakuum getrocknet, anschließend frittiert, dann wieder getrocknet und zuletzt gebacken – das alles bei genau definierten Temperaturen *(Wagner 2006)*. Mit einer Spritze kann das Ketchup dann, ähnlich der Marmelade bei Krapfen, eingespritzt werden.

Das ursprüngliche Ziel war, alten Rezepten auf den Grund zu gehen, sie zu verbessern, neue Techniken zu entwickeln und neue Texturen, Geschmäcker, Produkte zu schaffen.

Molekulargastro-
nomen kochen
teilweise mit
Methoden, die
zuhause unüblich
sind.

Das Baiser, das aus der Kälte kam

Molekulargastronomen kochen teilweise mit Methoden, die zuhause unüblich sind: zum Beispiel mit flüssigem Stickstoff, der eine Temperatur von ca. –200° C aufweist. This-Benckhard *(1999)* beschreibt, wie man damit ein Sorbet in Sekundenschnelle zubereiten kann, Vilgis *(2007)* gefriert Olivenöltröpfchen mit flüssigem Stickstoff als Beilage zu provenzalischen Speisen. Dies verändert durchaus die Anforderungen an die verwendeten Produkte: So verwendet Vilgis mildes Öl, da der bittere Geschmack des Olivenöls bei Kälte stärker zum Vorschein kommt. Wie sehr die Molekularküche unsere Zubereitungsvorstellungen auf den Kopf stellt, veranschaulicht folgendes Beispiel: Aus Ei-Schnee erzeugt Vilgis Meringuen (Baiser) mit Hilfe von flüssigem Stickstoff, in welchen er die Eischneenockerl kurz hält.

Stickstoff ist als Gas N2 Bestandteil unserer Atemluft. Bei –196° C wird er flüssig. Beim Experimentieren mit flüssigem Stickstoff ist daher Vorsicht geboten.

Auffällig ist, dass etwa Sorbet-Zubereitungen mit künstlichem Stickstoff bei weiblichen Spitzenköchinnen im deutschsprachigen Raum nicht anzutreffen sind. So bereiten die Spitzenköchinnen Tanja Grandits, Katja Burgwinkel, Erika Bergheim, Douce Steiner, Jutta Ines Stergner oder Judith Sourvinos-Hollenstein Eis und Sorbets traditionell mithilfe von Eismaschinen zu, und Baiser bäckt Douce Steiner traditionell im Ofen *(Hobmaier und Wissing 2007)* und nicht mit flüssigem Stickstoff. **Mehr als ein Zufall? Vielleicht kommt der physikalisch-chemische Zugang zum Kochen Männern selbstverständlicher entgegen.**

Zur Begriffsklärung: Aus physikalisch-chemischer Sicht ist jedes Kochen molekular. Egal ob Speisen gekocht, geschäumt oder gefroren werden – immer sind die Moleküle in der Speise betroffen, denn die Temperatur von Speisen bestimmt das Verhalten der Moleküle, den Aggregatzustand von Speisen und beeinflusst unsere Empfindung.

Mittlerweile steht der Begriff Molekulare Küche aber für alle möglichen, oft ungewöhnlichen Zubereitungen – und findet sowohl Anhänger wie auch Skeptiker. Der österreichische Haubenkoch Hubert Wallner *(2008)* findet, dass sich ein Koch entscheiden muss, ob er Koch oder Chemiker ist. „Warum soll man eine Erbse zerlegen und dann wieder in einer anderen Form zusammenbauen? Eine Erbse ist perfekt, so wie sie ist!"

Anderer Meinung ist der Physiker und Mathematiker Vilgis *(2007)*: Küche und Labor unterscheiden sich seiner Meinung nach nur in einem Punkt: Der Versuchsleiter im Labor ist zufrieden, sobald die Methode funktioniert, während für den Koch erst dann die richtige Arbeit beginnt, nämlich das Erzeugen von Genuss und Geschmack. Auch optisch noch so bestechende Kreationen sind wertlos, wenn sie nicht munden. Die Molekulare Küche hat somit nur dann ihre Berechtigung, wenn sie dem Geschmack und Genuss dienlich ist.

> **Die molekulare Küche hat nur dann ihre Berechtigung, wenn sie dem Geschmack und Genuss dienlich ist.**

Eins und eins ist nicht gleich zwei

Bei den Begründern der Molekularen Küche ging es zunächst um die naturwissenschaftliche Erklärung von existierenden Kochrezepten. This-Benckhard (1999) „stolperte" angeblich aufgrund seiner Vorliebe für Soufflés in die Molekulargastronomie hinein, als er in einem Roquefort-Soufflé-Rezept davon las, dass man immer zwei Eidotter gleichzeitig zugeben sollte. Diese Anweisung unterzog er einem Praxistest, indem er die Anzahl der Dotter einzeln, paarweise usw. zufügte. Er konnte zwar nicht erklären, warum das Ergebnis bei der paarweisen Dotterzugabe tatsächlich am besten wurde, spekulierte aber, dass das etwas mit der Abkühlung der Masse durch Dotterzugabe zu tun hatte:

die am Schluss zugefügten Eigelbe werden schließlich in eine kältere Masse eingerührt als die ersten, und es besteht bei den später einge-rührten daher geringere Gefahr, dass das Ei gerinnt. Konnte er das Souf-flégeheimnis nicht vollends lösen, so widerlegte er jedoch ähnliche Rat-schläge bei anderen Rezepten. Sein Fazit war, dass „die Kochbücher gespickt mit Ratschlägen sind, guten wie schlechten, die es rigoros zu testen gilt. Die Wissenschaft gibt klare Antworten auf richtig gestellte Fragen."

This-Benckhard (1999) klärte auch die häufig diskutierte Frage, **warum man Nudeln angeblich in einer großen Wassermenge kochen sollte:** Auf diese Weise kühlt das Kochwasser nämlich nicht sehr stark ab. Nudeln bestehen primär aus Stärke und aus Weizenei-weiß (Gluten), das die Stärkekörner einschließt, bei Eierteigwaren zu-sätzlich aus dem Eiweiß der Eier. Bei stark kochendem Wasser gerinnt das Eiweiß der Nudeln, bevor sich die Amylose, ein Bestandteil der Stärke, in größerem Umfang auflösen kann. Das bisschen freigesetzte Stärke verteilt sich zudem auf eine größere Wassermenge und bleibt beim Abtropfen der Nudeln nicht auf der Pasta hängen – die Nudeln kleben nicht zusammen. Bei wenig Kochwasser, das folglich bei Nudel-zugabe stärker abkühlt, löst sich mehr Stärke und diese verteilt sich in weniger Wasser, die Nudeln verkleben.

In einem anderen seiner Werke ging Molekulargastronom This-Benckard *(1996)* der Frage nach, die seit Jahrhunderten in nachmittäg-lichen Zusammentreffen gestellt wird: **die Milch in den Tee oder den Tee in die Milch.** Die Antwort fällt hier vergleichsweise schlicht aus: Wenn Sie Milch in sehr heißen Tee geben, wird das Milcheiweiß verän-dert („denaturiert") und kann aufgrund seiner geänderten Struktur die Bitterstoffe des Tees nicht mehr binden. Der Tee mit Milch schmeckt also bitter. Gießt man hingegen heißen Tee in kalte Milch, so reduziert sich die Bitterkeit, da die Mischung vorerst nicht warm genug ist, um das Eiweiß der Milch zu verändern.

Gießt man hin-gegen heißen Tee in kalte Milch, so reduziert sich die Bitterkeit.

Kleiner Exkurs in die Welt der Statistik

Die Frage, mit welcher Versuchsanordnung man die Fähigkeit von Personen, einen Unterschied in der Zubereitungsreihenfolge von Tee mit Milch zu erkennen, am effizientesten feststellen kann, wird in fast jeder Einführung in die Methoden der Statistik behandelt. Ronald A. Fisher, Begründer der modernen Statistik, wurde in den frühen 20er Jahren des 20. Jahrhunderts während seiner nachmittäglichen „Tea-time" mit dieser Fragestellung konfrontiert und diskutierte sie später in seinem Buch „Design of Experiments" *(1935)*. Das Thema diente auch als Titel eines Buches über Bedeutung der Statistik für die Wissenschaft des 20. Jahrhunderts *(Salsburg 2002)*.

Fazit: Wie aufgeschlossen man manch „neuen Kochmethoden" und deren Ergebnisse gegenüber ist, hängt wohl von mehreren Faktoren ab: allen voran von der persönlichen Einstellung dem Essen gegenüber (Philosophie), weiters aber auch von der Ausgeprägtheit einer Lebensmittel-Neophobie (Scheu vor neuen Produkten) und des Mere Exposure Effects (nachdem man etwas mehrmals probiert hat).

Aus physikalisch-chemischer Sicht ist jede Form von Kochen Molekularküche, und somit kein Modetrend. Molekulare Küche beginnt und endet nicht mit flüssigem Stickstoff. Köche müssen daher auch nicht unbedingt einem Entweder-oder-Prinzip folgen. Man kann durchaus traditionelle Gerichte kochen, die man dekorativ auf Schäumen oder Gelees mit bekannten Geschmacksrichtungen serviert. Abhängig von der persönlichen Sichtweise ist auch ein Gelee mit Agar-Agar molekulare Küche.

Stets gleich und doch verschieden – Spielarten des braunen Goldes

Kaffeekonsum ist keine Modeerscheinung. Sehr wohl aber verschiedene Spielarten und Orte des Konsums bzw. so manche Zubereitung. Weder ist also Kaffee gleich Kaffee, noch Café gleich Café – und Kaffeetrinker schon gar nicht gleich Kaffeetrinker!

Bei aller Stabilität, was die grundsätzliche Wertschätzung gegenüber dem Getränk aus der braun-schwarzen Bohne betrifft, ist eine Hinwendung der Konsumenten zu mehr Qualität deutlich erkennbar: ganze Bohnen gewinnen an Bedeutung, das Espressosegment wächst, und Einzelportionssysteme wie Pads oder Kapseln werden immer populärer *(Österreichischer Kaffee- und Tee-Verband 2007)*.

> Ganze Bohnen gewinnen an Bedeutung, das Espressosegment wächst, und Einzelportionssysteme wie Pads oder Kapseln werden immer populärer.

Das Terroir (Herkunft) ist bei Kaffeebohnen zwar nicht so entscheidend wie bei Wein, aber doch auch ein wichtiges Thema geworden. Die Auswahl ist mittlerweile riesig und reicht etwa bis hin zur indonesischen Spezialität Kopi Luwak. Warum ich gerade diese als „bis zu" nenne? Als Kopi Luwak werden Kaffeebohnen gehandelt, die von einer Katzenart gefressen und via Verdauungstrakt ausgeschieden werden. Im Katzendarm werden die Kaffeekirschen fermentiert, der Geschmack der Kaffeebohnen wird als erdig und modrig bezeichnet. Der Preis dieses Kaffees ist entsprechend hoch, da die „Ernte" aufwendig ist. Ein Kilo Kopi Luwak kostet bis zu 1.200 €; die Jahresproduktion beschränkt sich auf ca. 200 Kilogramm *(http://de.wikipedia.org/wiki/Kopi_Luwak)*.

Spezialitäten dieser Art zeigen, dass auch am Kaffeesektor – zumindest im Hochpreissegment – noch sensorische Neuheiten möglich sind.

Zurück in der Zukunft – Ein Ausblick

Alle Jahre wieder … kommen Weihnachtsmann und Osterhase. Und mit diesen Festen werden mit absoluter Sicherheit saisonale Produkte vom Adventkalender bis zum Lebkuchen, vom Osterei bis zum Osterlamm verkauft. Irgendetwas Neues ist jedes Jahr dabei. Die Faschingszeit ist nicht mehr ausschließlich von Faschingskrapfen geprägt, sondern bietet neuerdings jenen, die exzessiver feiern, ein Getränk gegen Kater an. („Der Drink") In Apotheken verkauft, enthält es allerlei natürliche Extrakte und schmeckt angeblich äußerst künstlich *(Corti 2008).*

Der Tag des …

Jährlich gibt es einen Tag des Kaffees, einen Tag des Tees, den Welt-Ei-Tag oder den Tag des Apfels – sie ermöglichen Veranstaltungen, sie thematisieren das Produkt und können als Zeitpunkt für Produkt-Neu-einführungen oder Promotions genutzt werden.

Das Jahr des …

Jahrestage sind ebenfalls gute Anlässe für Produktinnovationen. Im Mozartjahr 2006 bereicherten uns Bäckereien mit Mozartkugeln, -talern und -taschen jeglicher Art. Süßwarenhersteller boten Mozartwaffeln und -würfel an. Im Milchsektor waren Mozartprodukte (Mozartjoghurt, Mozartdrink) vor allem ein Exportschlager *(http://oesterreich.orf.at/salzburg/stories/91598/.*

Hierzulande haben Erdäpfel eine lange Tradition – was bedeutet, dass sie für Innovationen gut sind!

2008 ist das internationale Jahr der Kartoffel *(http://www.unis.un-vienna.org/unis/de/library_20040500.html).* Interessant ist dies vor allem im asiatischen Raum, da Kartoffeln auch in Gegenden wachsen, wo Reis nicht mehr angebaut werden kann. Hierzulande haben Erdäpfel eine lange Tradition – was bedeutet, dass sie für Innovationen gut sind! Die Schokoladenmanufaktur Zotter war ihrer Zeit wieder einmal voraus: Eine Erdäpfel-Schokolade gibt's bereits.

2009 kommt das Haydn-Jahr anlässlich des 200. Todestags des Komponisten Joseph Haydn (1732–1809). Anzunehmen, dass es v. a. im Burgenland zu Musik & Speise-Events kommen wird. Und das Internationales Jahr des Waldes 2011 bietet sich doch förmlich für neue Pilzprodukte und -gerichte an.

Jede Wette wird es Innovationen im Lebensmittel- und Getränkesektor geben.

Ein Fußball wird kommen … – spezielle Anlässe

Bereits die österreichische EU-Präsidentschaft im ersten Halbjahr 2006 war Anlass für einige Spezials: etwa eine nette Trinkjoghurt-Verpackung der Firma Nöm; oder der Europagugelhupf der Bäckerei Felber, der mit dem Motto: 25 Länder – 25 Füllungen – 1 Guglhupf anlassbezogenen den Weg in die Taschen der Konsumenten fand.

Und wenn auch nicht vorhersehbar ist, welche neuen Produkte konkret im Regal stehen werden, so sind doch aufgrund bevorstehender Events Neuheiten zu erwarten. Beim Schreiben dieses Buches steht die Fußball-Europameisterschaft 2008 ins Haus. Jede Wette wird es Innovationen im Lebensmittel- und Getränkesektor geben – zumindest in Form von Spezialeinheiten (Großverpackungen, Kombinationsangebote für den Fernsehabend).

Das Volkshochschulangebot grenzt die EURO 2008 ebenso nicht aus: Kochkurse zu Halbzeit-Snacks und Cocktails in EM-Farben werden vom Polycollege Stöbergasse (2008) in Wien ebenso angeboten wie vertikale Weinverkostungen – Weine verschiedener EM-Länder.

Fazit: Viele neue Produkte weisen Ähnlichkeiten zu Produkten aus der Vergangenheit auf. Umgekehrt kann die Beschäftigung mit vergangenen Kochrezepten, Tafelfreuden und Zutaten zu neuen Inspirationen führen – im Rahmen der Produktentwicklung der Lebensmittelherstellung ebenso wie am Herd.

Neuheiten im Supermarktregal sind von regionalen (Beeren, Bioprodukte) und exotischen Produkten (Gewürzen, Fair-Trade-Säften) geprägt. In naher Zukunft sind Innovationen zu erwarten, die an Events wie die Fußball-Europameisterschaft angelehnt sind.

Kräuter und Wildkräuter sind in der Gastronomie Thema. Das Schlagwort Molekulare Gastronomie ist in aller Munde, wird jedoch polarisierend betrachtet und bewertet. Fusionsküche aus exotischen und heimischen Kochtraditionen und Zutaten ist bei vielen Haubenköchinnen und -Köchen zu finden.

Literaturhinweise

Teil 1 und 2

ACNielsen: Bio-Trend im Lebensmittelhandel. Pressemeldung 19.10.2007.

Addessi E., Galloway A.T., Visalberghi E., Birch L.L.: Specific social influences on the acceptance of novel foods in 2-5-year-old children. IN: Appetite 45 (3): 264-71, 2005.

Allende I.: Aphrodite. Eine Feier der Sinne. Suhrkamp Verlag 1999.

AK Salzburg, AK Steiermark, AK Wien: Erhebung Acrylamid 2004.

ARGE österreichischer Jugendinfos: Talk about Essstörungen. Broschüre 2002.

Bartoshuk L.M., Duffy V.B., Lucchina L.A., Orutkin J., Fast K.: PROP (6-n-propylthiouracil) Supertasters and the Saltiness of NaCl. Olfaction and taste XII, an International Symposium, 1998.

Bell K.I., Tepper B.J.: Short-term vegetable intake by young children classified by 6-n-propylthiouracil bitter-taste phenotype. IN: American Journal of Clinical Nutrition 84: 245-51, 2006.

Bell E.A., Roe L.S., Rolls B.J.: Sensory specific satiety is affected more by volume than by energy content of a liquid food. IN: Physiol Behav 78 (4-5): 593-600, 2003.

Bell and Song 1999. Zitiert nach Bredie W.: Taste Sensitivity and Prop Status: Markers of performance in Sensory Analysis? Nordic Workshop in Sensory Science 2004.

Blake A. A.: Flavour preferences and the learning of food preferences. IN: Flavour Perception. Taylor A.J. und Roberts D.D. (Hrsg.), Blackwell Publishing 2004.

Bremerhavener Institut: Öko-Geschmackssiegel – Entwicklung, Implementierung und Kommunikation eines sensorischen Bewertungsmodells für ökologische Lebensmittel. Gefördert vom Bundesministerium für Ernährung, Landwirtschaft und Verbraucherschutz im Rahmen des Bundesprogramms Ökologischer Landbau. Berichtzeitraum 2002-2003.

Briner H.R.: Dem Riechverlust nachschnüffeln. HNO-Nachrichten 4: 20-22, 2002.

Brondel L., Romer M., Van Wymelbeke V., Walla P., Jiang T., Deecke L., Rigaud D.: Sensory-specific satiety with simple foods in humans: no influence of BMI? IN: Int J Obes (Lond.) 31 (6): 987-95, 2007.

Burdach, K. J. (1987). Geschmack und Geruch, Verlag Hans Huber. Zitiert nach Hoyer S.: Prädiktiver Wert sensorischer Laboruntersuchungen für den Getränkekonsum älterer Menschen unter Alltagsbedingungen. Dissertation, 2003.

Burkert S., Haberland E.-J., Gudzol H.: Riech- und Schmeckstörungen. Nur eingeschränkt genießen. IN: HNO Nachrichten 4: 22-25, 2005.

Capaldi E.D.: Privitera G.J.: Decreasing dislike for sour and bitter in children and adults. IN: Appetite 50: 139-145, 2008.

Cooke L. et al: Relationship between parental report of food neophobia and everyday food consumption in 2-6-year-old children. IN: Appetite 41 (2): 205-206, 2003, zitiert nach Baumgartner A.: Warum Kinder bei Gemüse die Nase rümpfen. IN: Tabula 1:15, 2004.

Cooke L.J., Wardle J.: Age and gender differences in children's food preferences. IN: British Journal of Nutrition 93 (5): 741-6, 2005.

Cooke L., Carnell S., Wardle J.: Food neophobia and mealtime food consumption in 4-5 year old children. IN: Unt J Behav Nutr Phys Act 6 (3): 14, 2006.

DACH: Deutsche Gesellschaft für Ernährung, Österreichische Gesellschaft für Ernährung, Schweizerische Gesellschaft für Ernährung (Hrsg.): Referenzwerte für die Nährstoffzufuhr. 1. Auflage, Umschau Braus GmbH, Frankfurt am Main, 2000; 23-194.

Davis C.M.: Results of the self-selection of diets by young children. IN: Journal of Canadian Medical Association 41: 257-261, 1939. Zitiert nach Blake A. A.: Flavour preferences and the learning of food preferences. IN: Flavour Perception. Taylor A.J. und Roberts D.D. (Hrsg.), Blackwell Publishing 2004.

Degen R.: Besessen vom gesunden Essen. IN: Tabula 2, 2003.

De Graaf, C., van Staveren W., Burema J.: Psychophysical and psychohedonic functions of four common food flavours in elderly subjects. IN: Chemical Senses 21(3): 293-302, 1996.

De Jong, N., C. De Graaf, et al. (1996). „Effect of sucrose in breakfast items on pleasantness and food intake in the elderly." Physiol Behav 60(6): 1453-62. Zitiert nach Hoyer S.: Prädiktiver Wert sensorischer Laboruntersuchungen für den Getränkekonsum älterer Menschen unter Alltagsbedingungen. Dissertation, 2003.

Derndorfer E. Klug S.: Fokusgruppen als Instrument zur Erhebung des Ernährungsverhaltens. IN: Journal für Ernährungsmedizin 7 (3): 4-8, 2005.

Derndorfer E.: Kaffee – ein harmloser Genuss? verkürzt der „Verlängerte" das Leben? Vortrag im Rahmen des Projekts „Gesundes Wieselburg", Wieselburg, 17.1.2006.

Deutsche Gesellschaft für Ernährung: Ernährung ältere Menschen. IN: DGE Beratungsstandards 2001.

Deutsche Gesellschaft für Ernährung: DGE-aktuell 08/2003 vom 10.06.2003 - am 01.07.2003 überarbeitet

Deutsche Gesellschaft für Ernährung: http://www.dge.de/modules.php?name=Content&pa=showpage&pid=15. 1.11.2007.

Dinehart M.E., Hayes J.E., Bartoshuk L.M., Lanier S.L., Duffy V.B.: Bitter taste markers explain variability in vegetable sweetness, bitterness, and intake. IN: Physiol Behav 87 (2):304-13, 2006.

Ding-Greiner C.: Der Wandel von Geruch und Geschmack im Alter. IN: Geschmackskulturen. Von Engelhardt D (Hrsg). Campus Verlag 2005.

Dollase J.: Geschmacksschule. Tre Torriverlag GmbH 2005.

Drewnowski A., Ahlstrom Henderson S., Shore A.B., Barratt-Fornell A.: Sensory Responses to 6-n-propylthiouracil (PROP) or sucrose solutions and food preferences in young women. Olfaction and taste XII, an International Symposium, 1998.

Drewnowski A., Henderson S.A., Driscoll A., Rolls B.J.: Salt taste perceptions and preferences are unrealted to sodium consumption inhealthy older aduls. IN: J Am Diet Assoc. 96 (5): 471-4, 1996.

Duffy V.B., Bartoshuk L.M., Striegel-Moore R., Rodin J.: Taste changes across pregnancy. Olfaction and taste XII, an International Symposium, 1998.

Ebster C., Derndorfer E.: Auswirkungen visueller Kennzeichnungen auf die Geschmackswahrnehmung. IN: Der Winzer 9: 33, 2007.

Elmadfa I, Freisling H, König J, Blachfelner J, Cvitkovich-Steiner H, Genser D, Grossgut R, Hassan-Hauser C, Kichler R, Kunze M, Majchrzak D, Manafi M, Rust P, Schindler K, Vojir F, Wallner S, Zilberszac A.: Österreichischer Ernährungsbericht 2003. Herausgegeben vom Institut für Ernährungswissenschaften Wien im Auftrag des Bundesministeriums für Gesundheit und Frauen, Sektion IV, 2003.

Epping B., Fischer E.P., Rauch J., Wahl H., Wedlich S.: Die Erforschung der menschlichen Sinne. Funktionen und Leistungen, Störungen und Therapien. Bundesministerium für Bildung und Forschung (BMBF) Referat Öffentlichkeitsarbeit (Hrsg.). Bonn, Berlin 2006.

Fahrnow I.M., Fahrnow J.: Fünf Elemente Ernährung. GU Verlag, 2005.

Ferge M.: Beikost. Vom ersten Löffelchen bis zur Familienkost. Amt der Oö. landesregierung, Landessanitätsdirektion, 2004.

Fletcher B., Pine K.J., Woodbridge Z., Nash A.: How visual image of chocolate affect the craving and guilt of female dieters. IN: Appetite 48 (2): 211-217, 2007.

Frye R.E., Schwartz B.S., Doty R.L.: Dose-Related Effects of Cigarette Smoking on Olfactory Function. IN: The Journal of the American medical Association 263 (9): 1233-1236, 1990.

Galloway A.T., Lee Y., Birch L.L.: Predictors and consequences of food neophobia and pickiness in young girls. IN: J Am Diet Assoc. 103 (6): 692-8, 2003.

Gerlinghoff M., Backmund H.: Essstörungen: Ein Konzept für Gruppenpsychotherapie. IN: Aktuelle Ernährungsmedizin 27: 295-299, 2002.

Gerrish C.J., Mennella J.A.: Flavor variety enhances food acceptance in formula-fed infants.IN: American Journal of Clinical Nutrition 73: 1080-5, 2001.

Gieland A., Busch-Stockfisch M., Kersting M., Hilbig A., Kunert J., Sensory acceptance of organic food and drinks by children in the age of 2-6 years. 6th Pangborn Sensory Science Symposium, Harrogate 2005.

Haglund A., Johannson L., Dahlstedt L.: Sensory evaluation od wholemeal bread from ecologically and conventionally grown wheat. IN: Journal of Cereal Science 27: 199-207, 1998.

Haglund A., Johannson L., Berglund L., Dahlstedt L.: Sensory evaluation of carrots from ecological and conventional growing systems. IN: Food quality and preference 10, 23-29, 1999.

Haller R., Rummel C., Henneberg S., Pollmer U., Köster EP.: The influence of early experience with vanillin on food preference later in life. IN: Chemical Senses 24: 465-467, 1999.

Hanreich I.: Handbuch Säuglingsernährung. Ingeborg Hanreich Verlag 1994.

Hausner H., Bredie W.L.P., Møllgaard C., Moller P. : Differential Transfer of Dietary Flavour Compounds into Human Breast Milk. 7th Pangborn Sensory Science Symposium, Minneapolis 2007.

Havlicek J., Lenochova P.: The Effect of Meat Consumption on Body Odor Attractiveness. IN: Chemical Senses 31: 747-752, 2006.

He 1997. Zitiert nach Bredie W.: Taste Sensitivity and Prop Status: Markers of performance in Sensory Analysis? Nordic Workshop in Sensory Science 2004.

Hetherington M.M.: Sensory specific satiety: Its influence on meal size and food choice. 7th Pangborn Sensory Science Symposium, Minneapolis 2007.

Hollis J.H., Henry C.J.K.: Sensory-specific satiety and flavor amplification of foods. IN: Journal of sensory studies 22: 367-376, 2007.

Hopkins J.: Strange Food – Skurrile Spezialitäten. Insekten, Quallen und andere Köstlichkeiten. Komet MA-Service und VerlagsgesmbH, Frechen 1999.

Horsch E., Speck M.: Selbstkontrolle: Die Anstrengung muss sich lohnen. IN: Psychologie heute, Heft 18, 2007.

Hudson R., Distel H.: The flavor of life: perinatal development of odor and taste preferences. IN: Schweiz Med Wochenschr 129 (5): 176-81,1999.

Hummel T., von Mering R., Huch R., Kölble N.: Olfactory modulation of nausea during early pregnancy? IN: BJOG: an International Journal of Obstetrics and Gynaecology 109: 1394-1397, 2002.

Informationskreis Mundhygiene und Ernährungsverhalten: Studie zur Messung von Mundgeruch mit der organoleptischen Intensitätsskala. IN: Wissenschaftlicher Informationsdienst 28 (3): 2004.

Johnson J., Vickers Z.: Sensory specific satiety for selected bread products. IN: Journal of sensory studies 6 (2): 65-79, 1991.

Kahn B.E., Wansink B.: The influence of assortment structure on perceived variety and consumption quantities. IN: Journal of Consumer Research 30: 519-533, 2004.

Karmasin S.: Seniorinnen wollen keine Randgruppe sein. Interview IN: Ernährung heute 5/2006.

Kihlberg I., Johannson L., Kohler A., Risvik E.: Sensory qualities of whole wheat pan bread – influence of farming system, milling and baking technique. IN: Journal of Cereal Science 39: 67-84, 2004.

Kinzl J.F., Kiefer I., Kunze M.: Besessen vom Essen. Kneipp Verlag 2004. Zitiert nach Bauer S.: Essstörungen. Warum kann Essen zum Problem werden? IN: Ernährung aktuell, Heft 2, 2007.

Kirig A., Rützler H.: Food Styles. Die wichtigsten Thesen, Trends und Typologien für die Genuss-Märkte. Zukunftsinstitut GmbH 2007.

Klinesmith J., Kasser T., McAndrew F.T.: Guns, testosterone, and Aggression. An Experimental Test of a mediational Hypothesis. IN: Psychological Scince 17 (7): 568-571, 2006.

Knecht M., Hüttenbrink K.-B., Hummel T.: Störungen des Riechens und Schmeckens. IN: Schweizer Medizinische Wochenschrift 129: 1039-46, 1999.

Kremer S., Mojet J., Kroeze J.H.A.: Differences in perception of sweet and savoury waffles between elderly and young subjects. IN: Food quality and preference 18: 106-116, 2007.

Kreuter P., Stanke M., Borchardt A., Neuhäuser-Berthold M., Pudel V.: : Einfluss des PROP-tasterstatus auf die Fettwahrnehmung und Fettbeliebtheit von Adipösen. DGE Kongress 2006.

Lawlor J.B., Sheehan E.M., Delahunty C.M., Kerry J.P., Morrissey P.A.: Sensory Characteristics and Consumer Preference for Cooked Chicken Breasts from Organic, Corn-fed, Free-range and Conventionally Reared Animals. IN: International Journal of Poultry Science 2 (6): 409-416, 2003.

Lebensministerium, AMA Marketing, Kulinarisches Erbe: „Strizzi, der Genussspecht", ohne Jahresangabe.

Lebensministerium: 2. Lebensmittelbericht Österreich. Wien, 2003.

Lehner P.: Kinderdrinks sind keine Hits for Kids. Acht von zehn nicht ideal – süß, künstlich, teuer. AK Wien, Februar 2007a.

Lehner P.: Automaten in Schulen. Limonade und Schokolade. AK-Test: Bestand von Getränke- und Snackautomaten in Wiener Schulen, Angebotsbewertung und Preisvergleich. AK Wien, September 2007b.

Lehner P.: Schulbuffets am Prüfstand. Ernährungsphysiologische Bewertung des Speisen- und Getränkeangebotes in Wiener Schulbuffets, Befragung zu Kaufpräferenzen der Schülerinnen und Preisvergleich. AK Wien, Oktober 2007c.

Leshem M.: Salt preference in adolescence is predicted by common prenatal and infantile mineralofluid loss. IN: Physiology and behavior 63:699-704, 1998. Zitiert nach Manz F., Manz I.: Sinnesentwicklung und Sinnesausprägung beim Föten und Säugling. IN: Geschmackskulturen. Von Engelhardt D (Hrsg). Campus Verlag 2005.

Liem D.G., Mennella J.A.: Heightened sour preferences during childhood. Chemical senses 28: 173-180, 2003.

Liem D.G., de Graaf K.: Sweet and sour preferences in young children and adults: role of repeated exposure. IN: Physiology & behavior 83 (3):421-9, 2004.

Liem D.G., Mars M., de Graaf K.: Sweet preferences and sugar consumption of 4- and 5-year-old children: role of parents. IN: Appetite 43 (3): 235-245, 2004a.

Liem D.G., Westerbeek A., Wolterink S., Kok F.J., de Graaf C.: Sour taste preferences of children relate to preferences for novel and intense stimuli. IN: Chemical senses 29 (8): 713-720, 2004b.

Liem D.G., Bogers R.P., Dagnelie P.C., de Graaf K.: Fruit consumption of boys (8-11 years) is related to preferences for sour taste. IN: Appetite 46 (1): 93-96, 2006.

Löffler S.: Wie japanisch ist Sushi? IN: Der Standard, 6./7.6.2007.

Logue A.W.: Die Psychologie des Essens und Trinkens. Spektrum Verlag Heidelberg 1995 (zitiert nach Rützler H. 2007).

Macho B.: 1 oder 2, du must dich entscheiden ... www.brittamacho.at, ohne Jahresangabe.

Macht M., Müller J.: Immediate effects of chocolate on experimentally induced mood states. IN: Appetite 49 (3): 667-674, 2007.

Maier A.: Exposure to different regimes of food variety influences the acceptance of new flavours by weanling infants. 6th Pangborn Sensory Science Symposium, Harrogate 2005a.

Maier A., Chabanet C., Leathwood P., Issancou S., Schaal B.: Current practices regarding the introduction of early solid foods to infants in two neighbouring cultural groups. 6th Pangborn Sensory Science Symposium, Harrogate 2005b.

Maier A. S., Chabanet C., Issanchou S., Schaal B., Leathwood P.: Effects of repeated exposure on acceptance of initially disliked vegetables in 7 months old infants: Individual differences in intake and liking patterns. 7th Pangborn Sensory Science Symposium, Minneapolis 2007.

Manz F., Manz I.: Sinnesentwicklung und Sinnesausprägung beim Föten und Säugling. IN: Geschmackskulturen. Von Engelhardt D (Hrsg). Campus Verlag 2005.

Manthey J., Vickers Z.: The relationship of fiber to sensory specificsatiety. IN: Journal of Sensory Studies 11 (4), 335–345, 1996.

Maslanky et al (1974), zitiert nach Gerrish C.J., Mennella J.A.: Flavor variety enhances food acceptance in formula-fed infants. IN: American Journal of Clinical Nutrition 73: 1080-5, 2001.

McBride S.A., Balkin T.J., Kamimori G.H., Killgore W.D.S.: Olfactory decrements as a function of two nights of sleep deprivation. IN: Journal of sensory studies 21: 456-463, 2006.

McCool A.C., Myung E., Chien T-C.: Modification of the Form in which fresh fruit is served as a possible means of increasing the consumption of fruit offered to elementary and middle school students. IN: Journal of Foodservice Business Research 8 (2): 73-85, 2005.

Meier-Gräwe U.: Wann und wie? - Zeitbudgets und Ernährungsstile in Deutschland. Vortrag auf der 3. Sächsischen Ernährungskonferenz der Sektion Sachsen der DGE am 3.11.2005 in Dresden.

Meier-Ploeger A. Götze A., Lange M.: Fühlen wie's schmeckt. Sinnesschulung für Kinder und Jugendliche. Food Media, 1999.

Meier-Ploeger A., Stockmayer K., Lange M.: Fühlen wie's schmeckt. Sinnesschulung für Kinder. Food Media, 1999-2003.

Meiselman, H. L., D. Hedderley, et al. (1994). „Effect of effort on meal selection and meal acceptability in a student cafeteria." Appetite 23(1): 43-55.

Mennella J.A., Jagnow P.C., Beauchamps G.K.: Prenatal and Postnatal Flavor learning by Human Infants, IN: Pediatrics 107 (6), 2001.

Mennella und Beauchamps 1991 & 1996, zitiert nach: Mennella J.A., Beauchamps G.K.: Understanding the Origin of Flavor Preferences. IN: Chemical Senses 30 (suppl 1): i242-i243, 2005.

Mennella J.A., Beauchamps G.K.: Flavor experiences during formula feeding are related to preferences during childhood. IN: Early human development 68: 71-72, 2002. Zitiert nach Blake A. A.: Flavour preferences and the learning of food preferences. IN: Flavour Perception. Taylor A.J. und Roberts D.D. (Hrsg.), Blackwell Publishing 2004.

Mennella et al 2003, zitiert nach: Mennella J.A., Beauchamps G.K.: Understanding the Origin of Flavor Preferences. IN: Chemical Senses 30 (suppl 1): i242-i243, 2005.

Mennella J.A., Beauchamps G.K.: Understanding the Origin of Flavor Preferences. IN: Chemical Senses 30 (suppl 1): i242-i243, 2005.

Mennella J.A., Turnbull B., Ziegler P.J., Martinez H.: Infant feeding practices and early flavor experiences in Mexican infants: An intracultural study. IN: Journal of the American Dietetic Association 105: 908-915, 2005.

Mensink G.B.M., Heseker H., Richter A., Stahl A., Vohmann C.: Forschungsbericht: Ernährungsstudie als KIGGS-Modul (EsKiMo. IM Auftrag des Bundesministerium für Ernährung, Landwirtschaft und Verbraucherschutz, September 2007.

Michener W., Rozin P. (1994) zitiert nach Westenhöfer (s. d.)

Michon C., Flynn A., Allen F., Delahunty C.M.: Eating difficulties in the elderly poplation and their consequences on liking of different types of texture. 7th Pangborn Sensory Science Symposium, Minneapolis 2007.

Mojet J., Christ-Hazelhof E., Heidema J.: Taste Perception with Age: generic or Specific Losses in Threshold Sensitivity to the Five Basic Tastes? IN: Chemical Senses 26: 845-860, 2001.

Mustonen S., Tuorila H.: Sensory training decreases neophobia and encourages trying unfamiliar foods in 8-12-year-old children. 7th Pangborn Sensory Science Symposium, Minneapolis 2007.

Nakagawa M., Mizuma K., Inui T.: Changes in Taste Perception following mental or physical stress. IN: Chemical Senses 21: 195-200, 1996.

Nicklaus S., Boggio V., Chabanet C., Issanchou S.: A prospective study of food preferences in childhood. IN: Food quality and preference 15: 805-818, 2004.

OIF Österreichisches Institut für Familienforschung: http://www.oif.ac.at – beziehungsweise 4 /07 27.3.2007.

O.V. Food Sensorik 7/2002: Sensible Tage. Frauen riechen ohne Pille mehr.

O.V. Food & Sensorik 4/2003: Alkoholmissbrauch schadet dem Geruchssinn.

O.V. Food & Sensorik 5/2003: Feine Zunge hält fit.

O.V. Food Sensorik 3/2005: Geschmacksvorlieben entwickeln sich in frühester Kindheit.

O.V. Food Sensorik 1/2006: Geburtsgewicht prägt Vorliebe für Salziges.

O.V., Forum Ernährung Heute: Richtig essen und trinken – (k)ein Kinderspiel? http://www.forum-ernaehrung.at, Artikel erstellt / geändert am 1.10.2002.

O.V., Forum Ernährung Heute: Suppenkaspar und Co. http://www.forum-ernaehrung.at, Artikel erstellt / geändert am 2.12.2003.

O.V., Forum Ernährung Heute: „Schmausen" statt Schlingen? http://www.forum-ernaehrung.at, Artikel erstellt / geändert am 1.4.2004.

O.V., Forum Ernährung Heute: Kinder: keine „kleinen Erwachsenen". http://www.forum-ernaehrung.at, Artikel erstellt / geändert am 12.5.2006.

O.V.: Welche Typen von Kaffeetrinkern gibt es? Ernährungsumschau 52: 163, 2005.

Paraskeva M.F., Folland E., Brennan C.S., Kuri V.: Consumer attitudes and perception of available organic milk: a comparison of the Greek and the British situation. IN: Powell et al (eds), UK Organic Research 2002: Proceedings of the COR Conference, pp. 335-336, Aberystwyth 2002.

Paulus J.: Auswahl macht dick. IN: Psychologie heute, Heft 1, 2002. Zitiert nach: Rützler K.: Kinder lernen essen. Strategien gegen das Zuviel. Krenn Verlag 2007.

Paulus J.: Selbstkontrolle – Fehlanzeige? IN: Psychologie heute, Heft 18, 2007.

Paulus W., Reimers C.D., Steinhoff B.J.: Empfehlungen zur Patienteninformation. Neurologie. Steinkopff Verlag, Darmstadt 2000.

Pelchat M.L., Danowski S.: A possible genetic association between PROP -tasting and alcoholism. Physiol. Behav. 51:1261-66, 1992. Zitiert nach Intranuovo L.R. und Powers A.S.: The pereceived Bitterness of Beer and 6-n-proylthiouracil (PROP) taste sensitivity. Olfaction and taste XII, an International Symposium, 1998.

Pelchat M.L., Nagai H., Beauchamps G.K.: What is „mere exposure". 5th Pangborn Sensory Science Symposium, Boston 2003.

Pelchat M.L.: Food cravings in young and elderly adults. IN: Appetite 28 (2): 103-113, 1997.

Pepino M.Y., Mennella J.A.: Factors contributing to individual differences in sucrose preference. IN: Chemical Senses 30 (suppl1): i319-320, 2005.

Picabia F.: http://www.zitate.eu, Zugriff 2.1.2008.

Plattig K.-H.: Spürnasen und Feinschmecker. Die chemischen Sinne des Menschen. Springer Verlag Berlin Heidelberg 1995.

Poelman A.A.M., Mojet J., Lyon D., Sefa-Dedeh S.: Effect of information on organic production and fair trade on perception and preference of pineapple. A Sense of Identity, Posterpräsentation, Florenz 2004.

Pollmer U., Fock A., Gonder U., Haug K.: Prost Mahlzeit! Krank durch gesunde Ernährung. Kiepenheuer & Witsch 1994.

Produkt – Zeitschrift Ausgaben der Jahre 2006 und 2007.

Pudel V.: Ketchup Big Mac Gummibärchen. Essen im Schlaraffenland. Quadriga Verlag 1995.

Pudel V.: Wie wirksam ist Ernährungserziehung bei Kindern? 2. Niedersächsische Fachtagung zur Gesundheitsförderung in Kindertagesstätte und Hort „Kinderernährung heute ..." Hannover, 2003.

Raeker S. und Piper D.: Do second lifers need special foods and beverages? 6th Pangborn Sensory Science Symposium, Harrogate 2005.

Rathmanner T.: Zunge, Nase, Hirn – alles über den Geschmack. IN: Kneipp 12/2006-1/2007.

Rias-Bucher B.: Exotische Früchte. Der Guide für Feinschmecker. Wilhelm Heyne Verlag 1998.

Reiß M., Reiß G.: Zur Problematik von Riechstörungen. IN: Z. ärztl. Fortbil. Qual. sich 94: 149-153, 2000.

Roininen K., Fillion L., Kilkast D., Lähteenmäki L.: Perceived eating difficulties and preferences for varous textures of raw and cooked carrots in young and elderly subjects. 5th Pangborn Sensory Science Symposium, Boston 2003.

RollAMA Motivanalyse Jänner 05, Marketing 2006 – zitiert nach Lebensmittelbericht Österreich 2006, Lebensministerium (Hrsg).

Rubio B., Boireau-Ducept N., Rigal N.: Development of a scale to measure food neophobia in children (QENA). 6th Pangborn Sensory Science Symposium, Harrogate 2005.

Rützler H.: Kinder lernen essen. Strategien gegen das Zuviel. Krenn Verlag 2007.

Russel K., Delahunty C.: The effect of product complexity on sensory specific satiety in beverages. A Sense of Identity, Posterpräsentation, Florenz 2004.

Schaal B., Marlier L. Soussignan R.: Human Foetuses learn odours from their pregnant mother's diet. IN: Chemical Senses 25: 729-737, 2000.

Schindlegger W.: Ursachen für Anorexie im Alter. IN: Journal für Ernährungsmedizin 3 (3) 7-11, 2001.

Schmidt S.: Kinder lernen essen – Die Rolle der Ernährungserziehung. IN: Ernährung und Psyche – Essen zwischen Kopf und Bauch. Tagungsband zum 3. aid-Forum am 26. September 2000 in Bonn.

Schneider R., Zaunmair K.: Was unseren Kindern schmeckt. das 1x1 der gesunden Ernährung. Landwirtschaftskammer für Oberösterreich (Hrsg.), Linz 1995.

Schönberger G., Hänel A.: Genuss, Esskultur und Schokolade. Ohne Jahresangabe.

Schwartz C., Chabanet C., Issanchou S., Nicklaus S.: Preferences for basictastes in 6-, 12- and 20-months old infants. 7th Pangborn Sensory Science Symposium, Minneapolis 2007.

Scinska A., Bogucka-Bonikowska A., Koros E., Polanowska E., Habrat B., Kukwa A., Kostowski W., Bienkowski P.: Taste responses in sons of male alcoholics. IN: Alcohol & Alcoholism 36 (1): 79-84, 2001.

Smeets A.J., Westerterp-Platenga M.S.: Oral exposure and sensory-specific satiety. IN: Physiol Bejhav 30; 89 (2): 281-6, 2006.

Spencer E. H., Katz Elon L., Frank E.: Personal and Professional Correlates of US Medical Students' Vegetarianism. IN: Journal of the American Diet Association 107 (1): 72- 78, 2007.

Statistik Austria: Bevölkerungsprognose 2007 (erstellt am 3.11.2007) www.statistik.at.

Steinhart H.: Tryptophan als Vorstufe für die Bildung von Botenstoffen und Hormonen. IN: Essen als Droge. Neurobiologische Effekte der Nahrung. Ernährungsforum des Instituts Danone für Ernährung e.V. 1999.

Tepper B.J., Nurse R.J.: PROP taster status is reklated to fat perception and preference. Olfaction, Taste, Cognition XII. An International Symposium. Murphy C. (ed), 1998.

Trischberger C.: Koch's noch mal, Mama! Gräfe und Unzer Verlag GmbH 2004.

Turnbull B., Matisoo-Smith E.: Taste sensitivity to 6-n-propylthiouracil predicts acceptance of bitter-tasting spinach in 3-6-y-old children. IN: American Journal of Clinical Nutrition, 76, 1101-05, 2002.

Ullrich N.V., Touger-Decker R., O'Sullivan-Maillet J., Tepper B.J.: PROP taster status and self-perceived food adventurousness influence food preferences. IN: J Am Diet Assoc. 104 (4): 543-9, 2004.

Van Toller S.: Assessing the impact of anosmia: Review of a questionnaire's finding. IN: Chemical Senses 24: 705-712, 1999.

Voigt J.: Der Geschmack des Ostens. Vom Essen, Trinken und Leben in der DDR. Kiepenheuer Verlag 2005, 3. Auflage 2006.

Wardle J., Carnell S., Cooke L.: parental control over feeding and children's fruit and vegetable intake: how are they related. IN: J Am Diet Assoc 105 (2): 227-32, 2005.

Weijzen P.L.G., Liem D.G., Zandstra E.H., De Graaf C.: Sensory specific satiety is realted to shape of food and attention during consumption. 7th Pangborn Sensory Science Symposium, Minneapolis 2007.

Westenhöfer J.: Psychische Befindlichkeiten und Essverhalten. IN: Ernährung und Psyche – Essen zwischen Kopf und Bauch. Tagungsband zum 3. aid-Forum am 26. September 2000 in Bonn.

Winkler J.: Update: parkinson – Diagnose und Therapie. IN: Bayrisches Ärzteblatt 9: 462-464, 2007.

Wijk H., Berg S., Sivik L., Steen B.: Aspects of colour perception in an elderly Swedish population. IN: Proceedings of the Eighth Congress of the International Colour Association, 1997, 191-194. Tokyo, Colour Science Association of Japan. Zitiert nach Hutchings J.B.: Food Color and Appearance. Aspen Publishers, Gaitnersburg Maryland, 2. Auflage 1999.

Wronski M., Skrok-Wolska D., Samochowiec J., Ziolkowski M., Swiecicki L., Bienkowski P., Korkosz A., Zatorski P., Kukwa W., Scinska A.: Perceived intensity and pleasantness of sucrose taste in male alcoholics. IN: Alcohol and Alcoholism 42 (2): 75.79, 2007.

Yoshida C.A.: Sense of the elderly in colour discrimination. IN: Proceedings of the Eighth Congress of the International Colour Association, 1997,108. Tokyo, Colour Science Association of Japan. Zitiert nach Hutchings J.B.: Food Color and Appearance. Aspen Publishers, Gaithersburg Maryland, 2. Auflage 1999.

Yackinous C.A., Guinard J.X.: Relation between PROP (6-n-propylthiouracil) taster status, taste anatomy and dietary intake mearures for young men and women. IN: Appetite 38 (3): 201-9, 2002.

Zandstra, E. H., De Graaf C.: Sensory perception and pleasantness of orange beverages from childhood to old age. IN: Food quality and preference 9(1/2): 5-12, 1998.

Zellner D.A., Saito S., Gonzales J.: The effect of stress on men's food selection. IN: Appetite 49 (3): 696-699, 2007.

Zeinstra C.G., de Graaf C., Koelen M.A.: Cognitive development and children's food preferences. 6th Pangborn Sensory Science Symposium, Harrogate 2005.

Zittlau J.: Frauen essen anders, Männer auch. IN: Tabula 4, 2003.

Wikipedia http://de.wikipedia.org/wiki/Schokolade Zugriff am 12.12.2007. Schokoladenkonsum pro Kopf in Kilogramm (2005)

wissenschaft.de 2003, Zugriff am 23.2.2004

www.foodaktuell.ch/print.php?id=810&typ=nachrichten, Zugriff 30.1.2007.

http://www.zotter.at/, Zugriff am 5.12.2007

www.xocolat.at, Zugriff am 5.12.2007

http://gruerer-tee-shop.com/shop-69-matcha-schokolade-eine-spezialitaet-aus-japan.html, Zugriff am 5.12.2007

http://www.hagmann.co.at/Deutsch/Schokolade/mohnschokolade.htm, Zugriff am 5.12.2007

http://www.dge.de/modules.php?name=News&file=article&sid=764 - DGE Info 10.10.2007

www.diepresse.com, Artikel vom 26.8.2007, Zugriff 19.12.2007

www.gast.at, Artikel vom 14.6.2007, Zugriff 19.12.2007

LPVnet.de: Lebensmittel: Öko boomt. 12.1.2006

Teil 3

Agrarmarkt Austria Marketing GesmbH: Beeren. Gesundes Naschen! Broschüre 2006.

Cech B.: Von Mammut & Garum. Historische Entwicklung des Geschmacks. Vortrag im Rahmen der VEÖ success Tagung „Essen mit allen Sinnen – Sensorik in aller Munde" am 23.6.2006 in Wien.

Corti S.: Produkt der Woche: Nudeln, safranisiert. IN: DerStandard, Rondo, 11.5.2007.

Corti S.: Produkt der Woche: Der Drink gegen Kater. IN: DerStandard, Rondo, 1.2.2008.

Corti S.: Marmelade vom Wagramer Weingartenpfirsich. IN: DerStandard, Rondo,18.1.2008.

Die Umweltberatung NÖ: Besser essen – tut gut. Umweltbüro NÖ (Hrsg.), ohne Jahresangabe.

Friedl G.: Mühlviertler Koch:Buch. Altes bewahren, Neues erfahren. Verlag Bibliothek der Provinz, ohne Jahresangabe.

Haiden B: Österreichische Mostküche. Hubert Krenn Verlag, 2007

Hobmeier E., Wissing M.: Sterneköchinnen. Die besten Küchenchefinnen und Ihre Rezepte. AT Verlag, Baden und München 2007.

Horx M., Huber J., Steinle A., Wenzel E.: Zukunft machen. Wie Sie von Trends zu Business-Innovationen kommen. Ein Praxis-Guide. Campus Verlag GmbH, 2007.

Huber H.: Gourmetmenü Deuring Schlössle am 18.1.2008.

Kirig A., Rützler H.: Food-Styles. Die wichtigsten Thesen, Trends und Typologien für die Genuss-Märkte. Zukunftsinstitut GmbH (Hrsg.), Kelkheim 2007.

Lebensministerium: Trends in der Lebensmittelwirtschaft. http://lebensmittel.lebensministerium.at, 9.3.2007.

Lundström J.N., Boyle J.A., Jones-Gotman M.: Sit up and smell the roses better: olfactory sensitivity to phenyl ethyl alcohol is dependent on body position. IN: Chemical Senses 31: 249-252, 2006.

Mörwald T.: http://www.moerwald.at/ (Zugriff 10.2.2008)

Neunerhaus, Michael Walk (Hrsg.): Haubenküche zum Beislpreis. Krenn Verlag 2005.

O.V.: Die Weisheit mit dem Löffel essen? Forum Ernährung heute, http://www.forum-ernaehrung.at (Zugriff 8.8.2006).

Oliver J.: Jamie's Kitchen. Neue geniale Rezepte vom Naked Chef. Dorling Kindersley 2002.

Österreichischer Kaffee- und Tee-Verband: http://www.kaffeeverband.at/images/content/pdfs/PrU_PK_TdK2007.pdf (Zugriff 23.1.2008)

Polycollege Stöbergasse: Kursprogramm Frühjahr 2008.

Puchberger B.: Rezept Löwenzahntiramisu In: Besser essen - tut gut. Umweltbüro NÖ (Hrsg.), Inhalt: Die Umweltberatung NÖ, ohne Jahresangabe.

Salsburg D.: The Lady tasting Tea. Owl Books, 2002.

Schmid M.: Innovationen mit Geschichte. Lebensmittelinnovationen und Ernährungstrends mit Ursprung in der Vergangenheit. Diplomarbeit, Fachhochschule Wiener Neustadt, Wieselburg 2006.

Schober C., Binder D.: A guate Kost mit Most. Landwirtschaftskammer Oberösterreich (Hrsg.), Linz, 1993.

This-Benckhard H.: Rätsel der Kochkunst. Naturwissenschaftlich erklärt. Springer Verlag Berlin Heidelberg, 1996.

This-Benckhard H.: Kulinarische Geheimnisse. 55 Rezepte – naturwissenschaftlich erklärt. Ungekürzte Taschenbuchausgabe Piper Verlag GmbH München, 1999.

Tichatschek P.: Frisch gekocht – die neue Staffel. Hubert Krenn Verlag, 2007

Vilgis T.: Molekularküche. Das Kochbuch. Tre Torri Verlag GmbH, Wiesbaden 2007.

Von Randow G.: Genießen. Eine Ausschweifung. Deutscher Taschenbuchverlag GmbH & Co KG, München, 3. Auflage 2005.

Wagner C.: Gourmet-Trends 2006. Die Atomisierung des Genusses. IN: Profil 2, 9.1.2006.

Wallner H.: http://www.hubertwallner.at/molekularkueche/ (Zugriff 9.2.2008)

Wenzl R., Matthai C., Kim S.: Heilsame Nahrung. Kneipp Verlag Leoben Wien, 2. Auflage 2006.

Wiener S.: Das große Sarah Wiener Kochbuch. Knaur Ratgeber Verlag, München 2007.

Weiß W.: Regionale Ernährungsweisen liegen im Trend. IN: Ernährung Heute, Heft 3-4, 2007.

www.rezepte.li (Zugriff 27.1.2008)

http://www.kneipp-meilen.ch/zitate.htm (Zugriff 27.1.2008)

www.bluehendes-konfekt.com (Zugriff 27.1.2008)

http://www.orf.at/080109-20434/index.html (Zugriff 14.1.2008)

www.agrarheute.com: Fisch und Meeresfrüchte liegen im Trend (Artikel vom 8.9.2007)

http://www.ots.at/presseaussendung.php?schluessel=OTS_20070620_OTS0156&ch=medien (Zugriff 27.1.2008).

http://diepresse.com/ : Schlechte Noten für Jamie Oliver (Artikel vom 3.10.2007)

http://www.seehof-goldegg.com (Zugriff 10.2.2008)

http://www.mensen.at/mensa_kulinarik_brainfood.php (Zugriff 10.1.2008)

www.bittermann-vinarium.at (Zugriff 9.1.2008)

www.phoenix-club.com (Zugriff 10.1.2008)

http://www.fatduck.co.uk/ 19.1.2008

http://www.ahgz.de/vermischtes/Meisterkoeche-Labor-Herd,482006,612229488.html, 27.1.2008 (Artikel in AHGZ Print Nr. 48-2006 vom 02.12.2006).

http://de.wikipedia.org/wiki/Kopi_Luwak (Zugriff 22.1.2008)

http://oesterreich.orf.at/salzburg/stories/91598/ (Zugriff 19.1.2008)

http://www.unis.unvienna.org/unis/de/library_20040500.html, (Zugriff 27.1.2008)

Weißensee kulinarisch

Hannes Müller, Andreas Striemitzer

Dieses Kochbuch führt uns an den Weißensee, an diesen ganz besonderen Flecken Erde mit seiner einzigartigen Küche – frisch, natürlich, modern und vielseitig.

128 Seiten, 16,5 x 23 cm, gebunden, Preis: € 14,90
ISBN: 978-3-902532-37-4

Die österreichische Mostküche

Barbara Haiden

Eine kulinarische Reise ins Mostviertel, das Verführerisches aus Küche und Keller zu bieten hat. Denn Most ist nicht nur als Getränk etwas Besonderes – ob mild, kräftig oder resch, ob säuerich schmeckender Apfelmost oder fruchtiger Birnenmost – er verfeinert Suppen, Braten und Desserts.

144 Seiten, 16,5 x 23 cm, gebunden, Preis: € 16,90
ISBN: 978-3-902351-97-5

Das Vorarlberg-Kochbuch

Lisbeth Bischoff

Die Küche Vorarlbergs zeigt sich leichtfüßig und hat längst das Schwere verloren, ohne den würzigen Geschmack abzulegen. Sie präsentiert sich modern und hat den Anspruch, innovativ, kreativ und sich ihrer Wurzeln bewusst zu sein. Und das schmeckt man auch!

ca. 192 Seiten, 22 x 26 cm, gebunden, Preis: € 24,90
ISBN: 978-3-902532-35-0

KRENN 🕸

Hubert Krenn VerlagsgesmbH

Gußhausstraße 18, 1040 Wien
Tel. 01 585 34 72 , Fax 01 585 04 83
hwk@buchagentur.at, www.hubertkrenn.at